Günter Schenk

CITY|TRIP

VILNIUS · KAUNAS

Nicht verpass

2 Kathedrale [L8]
Die Kathedrale ist das religiöse Herz der Stadt. In der Basilika liegen Könige und Großfürsten begraben – und natürlich auch der Nationalheilige Kasimir (s. S. 17).

3 Nationalmuseum Palast der Großfürsten von Litauen [L8]
In einem fast 100 Millionen Euro teuren Museumsbau wird Litauens Geschichte dokumentiert (s. S. 20).

6 St.-Peter-und-Paul-Kirche [N6]
Diese Perle des Barock zieren im Inneren rund zweitausend Stuckfiguren, an denen man sich kaum sattsehen kann – üppiger ist keine andere Kirche des Landes ausgestattet (s. S. 24).

13 MO Museum [J9]
Moderne und zeitgenössische Kunst werden vereint in einem neuen Musentempel präsentiert, den der weltberühmte Architekt Daniel Libeskind geschaffen hat (s. S. 30).

21 Tor der Morgenröte [L10]
Litauens wichtigstes Pilgerziel beherbergt die „Heilige Jungfrau Maria, Mutter der Barmherzigkeit" – ein angeblich wundertätiges Marienbild aus dem 17. Jahrhundert (s. S. 36).

24 Užupis [M9]
Im „Narrenstaat" Užupis regiert der Freigeist. Das Szeneviertel hat neben viel Charme und Atmosphäre sogar seine eigene Verfassung (s. S. 39)!

33 Burg Trakai
Die viel besuchte Wasserburg mitten im Galve-See ist eines der touristischen Aushängeschilder Litauens (s. S. 47).

35 Rathaus und Rathausplatz, Kaunas [bj]
Der größte Platz in Kaunas' Altstadt bietet Gotik und Barock vom Feinsten (s. S. 87).

44 Teufelsmuseum, Kaunas [ei]
Das Böse hat in Kaunas nicht nur einen Namen, sondern auch ein Gesicht: Unzählige Teufelsdarstellungen erzählen diabolische Geschichte(n) (s. S. 93).

48 Freilichtmuseum Rumšiškės
In diesem weitläufigen Freilichtmuseum gibt es litauische Tradition und Geschichte zum Anfassen (s. S. 96).

Leichte Orientierung mit dem cleveren Nummernsystem

Die Sehenswürdigkeiten sind im Text und im Kartenmaterial mit derselben **magentafarbenen ovalen Nummer** 1 markiert. Alle anderen Lokalitäten wie Geschäfte, Restaurants usw. tragen ein **Symbol und eine fortlaufende rote Nummer** (1). Die Liste aller Orte befindet sich auf S. 140, die Zeichenerklärung auf S. 144.

MYNDOUWE DEI GRA

Mindaugas-Denkmal vor dem Nationalmuseum ❺ (003vl Abb.: gs)

Zeichenerklärung

★★★ nicht verpassen
★★ besonders sehenswert
★ wichtig für speziell interessierte Besucher

[A1] Planquadrat im Kartenmaterial. Orte ohne diese Angabe liegen außerhalb unserer Karten. Ihre Lage kann aber wie die aller Ortsmarken mithilfe der begleitenden Web-App angezeigt werden (s. S. 144).

Vorwahlen

- für Litauen: +370
- für Vilnius: 5
- für Kaunas: 37

Updates zum Buch

www.reise-know-how.de/citytrip/vilnius19

Abkürzungen

- *alėja (al.)* Allee
- *gatvė (g.)* Straße
- *aikšte (a.)* Platz
- *prospektas (pr.)* Boulevard

Litauens Hauptstadt steckt voller Lebenslust. Vorbei sind die Zeiten, als der Mangel regierte und die Freiheit des Einzelnen wenig zählte. Heute ist Vilnius eine auch international bedeutende Metropole, in der Shopping und gutes Essen und Trinken so wichtig sind wie Kunst und Kultur. Kein Wunder, dass jeden Monat neue Restaurants, Pubs oder Bars aufmachen, kleine Boutiquen oder andere Orte, die zum Entdecken einladen.

Großfürstenpalast

Litauens prunkvoller Herrscherpalast ist der Nachbau eines alten Renaissance-Palastes, in dem jahrhundertelang Geschichte geschrieben wurde. Heute ist er ein sehenswertes Museum (s. S. 20).

Užupis

Das ehemalige Schmuddelquartier hat sich längst zum Szene-Viertel entwickelt. Kunstläden und Kneipen sind zum neuen Treffpunkt geworden. Genießer sind hier richtig, aber immer noch auch Existentialisten und Querdenker (s. S. 39)!

Neuer Musentempel

Von Daniel Libeskind, einem der weltbesten Architekten, stammt das neuste Museum der Stadt – kurz MO Museum genannt. Der Prachtbau am Altstadtrand ist Hort moderner litauischer Kunst und schon jetzt ein Besuchermagnet (s. S. 30).

Tagestour nach Kaunas

Schnelle Züge machen die Stippvisite in der Nachbarstadt einfach. In gut einer Stunde bringen sie den Reisenden nach Kaunas. Schneller ist man auch mit dem Auto nicht (s. S. 109)!

103vl Abb.: gs

VILNIUS ENTDECKEN

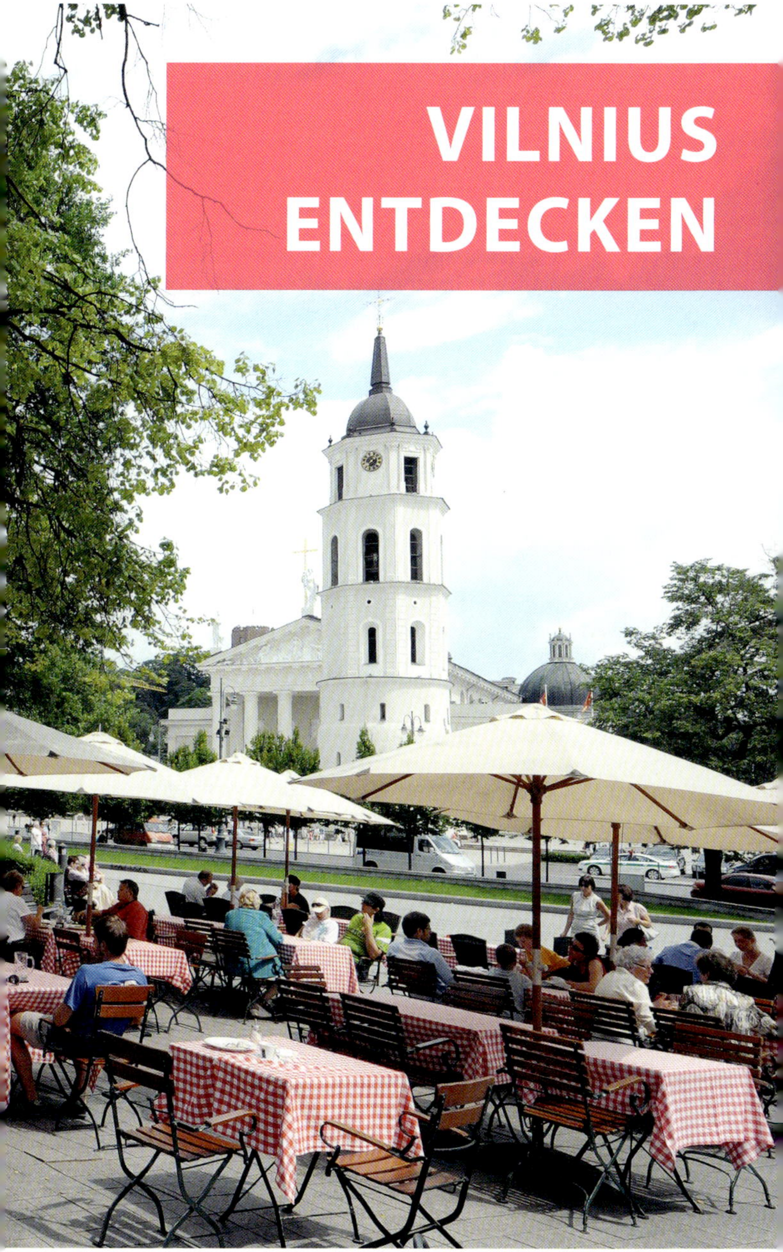

Vorüberlegungen

Vilnius eignet sich gut für einen verlängerten Wochenendausflug. Wer allerdings auch **Kaunas** einen Besuch abstatten will, muss noch mindestens einen Tag dranhängen. Die **Verbindungen** zwischen Vilnius und Kaunas sind gut. Die Fahrzeit beträgt eine gute Stunde, egal ob man einen schnellen Zug oder das Auto nutzt. Viele Reisende werden die beiden Städte aber im Rahmen einer Rundreise durch das Baltikum kennenlernen – oder auf dem Weg an einen der weiten Ostseestrände, die wie die Kurische Nehrung immer mehr Freunde finden.

Vilnius und Kaunas sind **Ganzjahres- und Allwetterziele.** Am reizvollsten sind die hellen und warmen Sommer und der frühe Herbst und die Zeit zwischen Weihnachten und Karneval, wenn sich beide Städte nicht selten in ein weißes Winterkleid hüllen. Einkaufsfreudige kommen eigentlich immer auf ihre Kosten und zunehmend auch Freunde guten Essens und Feierns, ist es mit sozialistischer Einheitskost und hochgeklappten Bürgersteigen abends doch schon lange vorbei.

Willkommen in Vilnius

Wolkenkratzer neben gotischen Kirchen, barocke Figuren neben modernen Kunstinstallationen, Fast-Food-Buden neben Sternelokalen, Straßenhändler neben gewaltigen Einkaufszentren, Stripteaseläden neben Beichtstühlen – Vilnius ist eine Stadt der Gegensätze. Tradition und Moderne liegen hier eng beieinander, manchmal gar neu miteinander verschmolzen wie in Gestalt des modernen Großfürstenpalastes ❸ am Kathedralenplatz ❶, wo man für Unsummen einen Renaissancebau rekonstruierte. Kaum eine andere Stadt Osteuropas strotzt inzwischen so vor Selbstvertrauen. Landeshauptstadt und Kulturmetropole ist sie, mit ihren Universitäten und Akademien aber auch ein Hort der Bildung und dazu ein Dienstleistungsmoloch mit Arbeitsplätzen für viele Tausend Büromenschen. Eines der schnellsten Internetnetze in Europa ist einer der Wachstumsmotoren – neben dem Tourismus, der inzwischen jährlich mehr als eine Million Fremde anlockt.

Oft liegen **alte und neue Zeit** nur ein paar Schritte auseinander. So wie am Tor der Morgenröte ㉑, wo eine alte Frau mit buntem Kopftuch auf Knien die steile Treppe zur wundertätigen Madonna emporrutscht. Eine von vielen Tausend Pilgern, die hier Jahr für Jahr Station machen. Nur ein paar Meter weiter aber feiert die Jugend in den Bars, Klubs und Restaurants fast jeden Abend ganz ausgelassen, heben Bier und Wein den Stimmungspegel. Hier hat Litauens Hauptstadt ein anderes Gesicht als in den vielen, meist Jahrhunderte alten Kirchen.

Vilnius, vor allem seine **historische und zum Weltkulturerbe gehörende Altstadt**, sollte man zu Fuß erobern. Busse machen ohnehin einen Bogen um sie und fahren nur ihre Ränder an. Autos gehören in die Tiefgaragen, die Platz für Flaneure geschaffen haben. Wegweiser führen zu den wich-

◁ Vorseite: Rund um die Kathedrale ❷ laden Restaurants mit ihren Terrassen zur Pause ein

061vl Abb.: gs

tigsten Sehenswürdigkeiten: zur **Oberen** 4 und **Unteren Burg** 3 und zur **Kathedrale** 2 mit dem großen Denkmal für Gediminas, dem ersten großen Herrscher über die Stadt. Auch zu den beiden Arsenalen mit ihren Sammlungen, die zum **Litauischen Nationalmuseum** 5 gehören, zum **Präsidentenpalast** 11, ins alte Universitätsviertel 10 mit seinen verwinkelten Gassen oder in den Szenestadtteil Užupis 24, eines der Ausgehviertel, wird man geleitet.

Kreuz und quer führen **kleine Gassen** durch das Häusergewirr der Altstadt. Restaurants und Cafés, Museen und Kulturzentren, Boutiquen, Kioske, Kirchen, Hotels, Nachtklubs und Souvenirläden säumen sie. **Pilies gatvė** [L8/9] heißt der älteste Weg quer durch die Altstadt, auf dem einst Könige, aber auch päpstliche und weltliche Diplomaten Richtung Polen und Russland reisten. Nahtlos geht die Pilies gatvė in die **Didžioji gatvė** über. Es folgt der **Rathausplatz** 16, der einen im Sommer zu einem Zwischenstopp in seine Biergärten einlädt. Schnurstracks Richtung Süden führt die anschließende **Aušros Vartų gatvė** schließlich zum einzigen noch erhaltenen Stadttor, dem **Tor der Morgenröte** 21 mit der weltberühmten schwarzen Madonna. Dahinter geht es zum **Bahnhof**, zur **zentralen Busstation** und zu Stadtvierteln, die erst jetzt langsam aus ihrem sozialistischen Dornröschenschlaf erwachen. Mit öffentlichen und privaten Geldern, vor allem aber mit Subventionen aus den Kassen der Europäischen Union, wurde die Altstadt in den letzten beiden Jahrzehnten hergerichtet – herausgeputzt könnte man auch sagen.

Viel Geld wurde auch in die Bauten am **Gedimino-Boulevard** 25 gesteckt, der breiten, schnurgeraden Prachtallee vom Kathedralenplatz zum Parlament. Früher zeigte

Blick auf die Altstadt und (links) den Burgberg

hier vor allem der Staat Flagge. Wo sich einst Ministerien und Behörden drängten, haben jetzt aber Einkaufszentren, Hotels, Geschäfte und Restaurants Platz gefunden. Sie sind die modernen Zentren, die das Herz jeder internationalen Metropole schlagen lassen.

Rechts des Neris-Flusses, auf der Nordseite der Stadt, steht das neue **Rathaus.** Ein **Wolkenkratzer** aus Stahl und Glas, der klar macht, dass Vilnius im Rennen um die Zukunft mit anderen Metropolen mithalten will.

Bankpaläste und **Bürohochhäuser** säumen den kommunalen Verwaltungsbau, genau wie das **Einkaufszentrum Europa** (s. S. 63), ein modernes Shoppingparadies. Während die Denkmalschützer ihre Hand über die zum UNESCO-Weltkulturerbe gehörende Altstadt halten, wird hier gebaut und investiert, als gelte es, jedem in Europa zu zeigen: Wir sind wir!

Vilnius lebt! Das spürt man schließlich auch im Stadtteil **Užupis** 24 auf der anderen Seite des Flüsschens Vilnia, das die Altstadt im Osten begrenzt. Verkommen und über lange Zeit so gut wie nicht beachtet, ist hier aus einem von Kriminalität und Armut geprägten Problemviertel ein Szenestadtteil geworden, dessen Entwicklung noch immer nicht ganz abgeschlossen ist. Kunsthandwerker, Galerien, Cafés und Restaurants haben in alten Mauern Einzug gehalten und aus einem Aschenputtel quasi ein Prinzesschen gemacht.

Kurztrip nach Vilnius

1. Tag

Wer, wie sicher die meisten Reisenden, in der Altstadt Quartier gefunden hat oder auch erst morgens angereist ist, erobert Vilnius am besten zu Fuß. Das ist einfach, ballen sich doch in der Altstadt fast alle Sehenswürdigkeiten. Dazu gehören die **Burg** 4 hoch über der Stadt, die alte **Kathedrale** 2 und der neue **Nationalpalast** 3, das alte Rathaus samt einladendem **Rathausplatz** 16 und der **Präsidentenpalast** 11 – vor allem aber die vielen Kirchen. Wer nicht auf eigene Faust losziehen will, dem hilft vielleicht der Stadtspaziergang auf S. 12 weiter!

Alle, die sich für Geschichte und Kunst interessieren, sind im Nationalpalast, dem **Litauischen Nationalmuseum** 5 und der heute als Sammelstätte sakraler Kunst genutzten **Michaelskirche** 8 bestens aufgehoben. Wer Gefallen an der Moderne hat, ist im neuen **MO Museum** 13 richtig, das moderne Kunst in noch modernerer Architektur mitten in der Altstadt bietet.

Für Eltern mit Kindern bietet sich eine **Radtour** an, die in die am Rand der Stadt gelegenen Parks führen kann, wo sich der eine oder andere Platz zum Spielen findet. Außerdem gilt es Türme wie den der Johanneskirche im **Universitätsviertel** 10 oder den **Glockenturm vor der Kathedrale** (s. S. 15) zu besteigen. Langeweile dürfte so eigentlich kaum aufkommen.

Ansonsten gilt es, sich langsam schon auch nach **Souvenirs oder sonstigen Mitbringseln** umzusehen, die in zahllosen kleinen, oft noch inhabergeführten Läden im Angebot sind. Da ist vieles zu entdecken – von litauischem Kunsthandwerk bis zu preiswerten Vintage-Klamotten.

Abends folgt die Qual der Wahl. Kultur oder einfach nur gut essen? Während der Theatersaison sind **Oper** (s. S. 62) und **Schauspielhaus** (s. S. 40) des litauischen Nationaltheaters sowie die **Nationalphilharmonie** (s. S. 62) immer einen Besuch wert. In den spielfreien Sommermonaten bummelt man gemütlich über die belebteste Nord-Süd-Achse der Stadt, über Pilies [L8/9], Didžioji [L9] und Aušros Vartų gatvė [L10], wo sich die **Restaurants** und **Cafés** ballen. Das Open-Air-Treiben auf den Sommerterrassen mutet fast mediterran an. Wer nach dem Essen noch Zeit und Lust zum Tanzen hat, findet die wichtigsten Musikklubs (s. S. 61) ebenfalls in der Altstadt. Da geht es oft erst gegen Mitternacht richtig los!

2. Tag

Immer lohnend ist ein Abstecher zur **Burg Trakai** 33, liegt die malerische Wasserburg, die Reiseprospekte und Postkarten ziert, doch direkt vor der Haustür der Hauptstadt. Neben der obligatorischen Besichtigung der einzigen erhaltenen Wasserburg Osteuropas und dem Atemholen inmitten einer **malerischen Seelandschaft** bietet sich auch ein Bummel durch das Städtchen selbst an. Den Hunger stillen kann man bestens im Restaurant Kybynlar (www.kybynlar.lt), wo **traditionelle karäische Speisen** nach zum Teil jahrhundertealten Rezepten auf den Tisch kommen. Trakai ist mit der Bahn oder einem der Ausflugsbusse von Vilnius innerhalb einer guten halben Stunde zu erreichen.

Das gibt es nur in Vilnius

› ***Permanenter Blumenmarkt*** *(s. S. 65): Eine duftende Oase abseits der Altstadt mit Blumenverkauf rund um die Uhr. Hier bekommt man vom einfachen Feldstrauß bis zum teuren Rosenbouquet so ziemlich alles. Da kommen Auge und Nase auf ihre Kosten. Ein Besuch lohnt freilich nur für wirkliche Blumenfreunde!*

24 *[M9]* ***Narrenrepublik Užupis:*** *Mit kleinen Galerien, Boutiquen, Cafés und Restaurants lockt der Szenestadtteil Užupis, der sich als eigener „Narrenstaat" mit Ministern und Verfassung versteht. Nationalfeiertag ist der erste April, an dem die Narren-Republik jährlich ihre Gründung feiert.*

31 ***Mittelpunkt Europas:*** *Vor den Toren der Stadt markiert eine weiße Granitsäule den Mittelpunkt Europas. Dass neuere Berechnungen diese Landmarke inzwischen ein paar Kilometer näher an Vilnius herangerückt haben, ist allenfalls ein Schönheitsfehler.*

› ***Heiliger mit drei Händen:*** *Die Kasimirkapelle (s. S. 18) für den gleichnamigen Nationalheiligen in der Kathedrale ist noch heute ein beliebter Ort des Gebets und der Andacht. Ein wundersames Altarbild zeigt Kasimir dort gleich mit drei Händen – der Legende nach kam die dritte Hand trotz mehrmaligen Übermalens immer wieder unter der Farbe zum Vorschein.*

Zurück in Vilnius lockt – nicht nur im Sommer – das Künstlerviertel **Užupis** ㉔, das man über eine der Brücken über die Vilnia erreicht. Hier hat Vilnius ein anderes Gesicht: ein bisschen frecher und freier. Hier ist man auch schon gleich am richtigen Platz, wenn es darum geht, sich ein nettes Lokal oder einen passenden Ort zu suchen, um am Abend zu feiern. Zum Beispiel im Uzupio klasika (s. S. 57), einem gemütlichen Restaurant, oder in der kleinen Bierbar Spunka (s. S. 60). Der Abschied aus Vilnius fällt dadurch aber nicht leichter!

600vl Abb.: gs

Burgidylle in Trakai ㉝

Stadtspaziergang

Für Spaziergänger ist Vilnius ideal, gibt es doch kaum Steigungen in der Stadt. So findet sich der höchste Punkt, der Gediminasberg, gleich hinter dem **Kathedralenplatz** ①, dem **Ausgangspunkt** unserer Tour. Bei gutem Wetter empfiehlt sich der Aufstieg zum **Gediminasturm** ④, von dem man den vielleicht schönsten Blick auf die Stadt hat. Fußfaule gehen an den Litauischen Nationalmuseen vorbei zur Standseilbahn. Der Zugang zur unteren Seilbahnstation [L7] erfolgt über den Innenhof der Nationalmuseen. Lohnend ist auf alle Fälle zum Auftakt des gewöhnlich tagesfüllenden Spaziergangs eine **Stippvisite in der Kathedrale** ②, die schon früh morgens offen steht.

Vom Kathedralenplatz ① führt der Weg zuerst zum **Gotischen Ensemble** der St. Annen- und Bernhardinerkirche ⑦. Gegenüber liegt die **Michaelskirche** ⑧ mit einem sehenswerten Museum, in dem die Kirchenschätze des Bistums zusammengetragen wurden. Über die Biliono Straße gelangt man in die **Literatų gatvė**. Hier ist der Name Programm. Eine private Initiative würdigt litauische Schriftsteller und Autoren, deren Werk Bezug zum Land hat, mit kleinen Kunstwerken an der Gassenwand. Dann geht es schnell weiter in die **Altstadt**. Vorbei am Rathausplatz ⑯, dem Zentrum für Zeitgenössische Kunst ⑰ und der Kasimirkirche ⑱ kommt der Citybummler zum Tor der Morgenröte ㉑,

Routenverlauf im Stadtplan

Der hier beschriebene Spaziergang ist mit einer farbigen Linie im Stadtplan eingezeichnet.

Litauens populärstem Pilgerziel. Wer will, kann auch eine Stippvisite in der orthodoxen Heilig-Geist-Kirche ⑲ und der Theresienkirche ⑳ machen, die beide auf dem Weg liegen. Über verschiedene Altstadtgassen geht es Richtung Nordwesten zur St. Nikolauskirche ⑭, dem ältesten Gotteshaus Litauens. Ein paar Schritte weiter findet sich die jüngste Touristenattraktion der Stadt, das **MO Museum** ⑬, ein Prachtbau des Stararchitekten Daniel Libeskind. Der Musentempel ist Hort moderner und zeitgenössischer litauischer Kunst. Sein Café bietet vielleicht noch einmal Anlass zum Verschnaufen, ehe es an der Katharinenkirche ⑫ vorbei zur Gedimino-Allee ㉕ geht, dem Prachtboulevard der Stadt.

Wer keine Lust auf das **moderne Vilnius** mit seinen Hochhäusern, Einkaufszentren und Banken hat, geht jetzt gleich die von Geschäften gesäumte Allee ostwärts zurück zum Ausgangspunkt, dem Kathedralenplatz ❶, die anderen schlagen den Weg Richtung Westen ein.

Vorbei am sehenswerten **Museum der Genozidopfer** ㉖ kommt man über eine moderne Fußgängerbrücke in die **Neustadt** ㉗, wo man im Einkaufszentrum Europa (s. S. 63) eine letzte **Pause** einlegen kann.

Über die **Grüne Brücke** *(Žaliasis tiltas)*, die älteste, die über die Neris führt und erst 1739 mit der namensgebenden Farbe verziert, geht es zurück zum Kathedralenplatz ❶.

Abendstimmung auf dem Kathedralenplatz ❶ mit Gediminas-Denkmal

Erlebenswertes im Zentrum

Vilnius ist für Städtereisende ideal, denn alle wichtigen Sehenswürdigkeiten sind per Fuß zu erreichen. Wer es eiliger hat, leiht sich ein Fahrrad und für ganz Fußfaule gibt es Busse und Taxen. Touristisch betrachtet besteht die litauische Metropole aus der historischen Altstadt, der neueren Stadt rechts und links des Gedimino-Boulevards und der modernen Neustadt um den Europaplatz im Norden, die allerdings nur für Einkaufsbummler von Interesse ist.

Die **historische Altstadt** erstreckt sich vom Nerisufer, an das der Burgberg und die Museen im Alten und Neuen Arsenal grenzen, weit Richtung Süden bis zum **Tor der Morgenröte** (21) mit der weltberühmten schwarzen Madonna. Kathedralen- und Rathausplatz sind ihre zentralen Treffpunkte. Sie werden durch die ineinander übergehenden Straßen Pilies und Didžioji gatvė verbunden. Südlich schließt sich die Aušros Vartų gatvė an. Alle drei sind für Citybummler ein Muss! An diesen Straßen liegen katholische **Gotteshäuser** wie Johannes-, Kasimir- und Theresienkirche und Sakralbauten wie die orthodoxe Heilig-Geist-Kirche. Auch das **Alte Rathaus**, **Hotels** und **Museen**, **Galerien** und **Souvenirläden** finden sich entlang dieser Altstadtachse.

Aber nicht nur die Hauptstraßen mit ihren Bauten aus der Renaissance- und Barockzeit sind einen Besuch wert. Man sollte auf jeden Fall auch kleine Abstecher in die **Seitengassen** rechts und links machen, z. B. ins **Universitätsviertel** oder in die Maironio gatvė, wo mit der **St. Annen**- und der **Bernhardinerkirche** (7) ein einzigartiges gotisches Ensemble zu finden ist. In der benachbarten **St. Michaelskirche** (8) hat das Museum für kirchliches Kulturerbe seine Zelte aufgeschlagen – und von hier ist es nicht weit zum **MO Museum** (13), dem jüngsten Musentempel der Stadt.

Länger als fünf Minuten ist man in der Altstadt kaum von der einen zur anderen Sehenswürdigkeit unterwegs. Etwas abseits im Nordosten liegt die **Kirche St. Peter und Paul** (6), die vielleicht schönste Barockkirche des Landes. Nur einen Katzensprung dagegen ist es in das **Szeneviertel Užupis** (24), das sich jenseits des Flusses Vilnia östlich an die Altstadt anschließt und über Brücken zu erreichen ist. Als neues Szenequartier, vor allem bei der Jugend, gewinnen die sonst nicht gerade einladenden Straßen um den Bahnhof an Zulauf, in die sich wie auch nach Užupis früher kaum jemand traute. Westwärts führt der **Gedimino-Boulevard** (25) aus der Altstadt heraus. Eine

Vilnius oder Wilna?

*Ihrer abwechslungsreichen Geschichte hat die Stadt verschiedene Namen zu verdanken. Ältere Deutsche, Österreicher und Schweizer kennen Litauens Hauptstadt oft noch als **Wilna**, der Eindeutschung des russischen Stadtnamens Wilnjus, wie sie zu Sowjetzeiten hieß. Polen nennen die Stadt heute **Wilno**, Weißrussen sagen **Wiljna** und Juden **Wilne**.*

*Die Litauer nennen ihre Stadt heute **Vilnius**. Seinen Ursprung hat dieser Name, der in der frühen Neuzeit erstmals belegt ist, vermutlich in dem kleinen Flüsschen Vilnia, das zu Füßen des Burgberges in die Neris mündet.*

Prachtallee, die von der Kathedrale schnurstracks zum **Parlament** führt – vorbei an vielen Geschäften, Theatern und dem Museum der Genozidopfer. Dem modernen Vilnius mit seinen Wolkenkratzern und Einkaufszentren begegnet der Besucher schließlich in der **Neustadt** nördlich der Neris, wo die bauliche Entwicklung noch lange nicht abgeschlossen ist.

1 Kathedralenplatz ★★★ [L8]

Der Kathedralenplatz ist das **Herz der Stadt**, Treffpunkt der Bürger, Aufmarschplatz für Demonstranten und Unabhängigkeitskämpfer und Plattform für Konzerte und Kundgebungen. Auf halbem Weg zwischen Kathedrale und Glockenturm erinnert eine **Bodenplatte** bis heute daran, dass hier im August 1989 eine rund 600 km lange **Menschenkette quer durch das Baltikum** ihren Anfang nahm. Es war damals das stärkste Signal für den Freiheitswillen der Länder Litauen, Estland und Lettland und führte bald darauf zur Unabhängigkeit der baltischen Staaten und zum Ende der Sowjetherrschaft. „Stebuklas", am besten mit „Wunder" übersetzt, besagt die Inschrift auf der Platte. Auf baltische Besucher des weiten Platzes wirkt sie wie ein Magnet, denn wer sich auf sie stellt und einmal im Uhrzeigersinn um die eigene Achse dreht, so der Volksglaube, dessen Wünsche sollen angeblich in Erfüllung gehen.

Nicht zu übersehen ist der große **Glockenturm** vor der Kathedrale. Leicht schief steht er, so als habe das Alter ihn gebeugt. Rechnet man das Kreuz mit seiner vergoldeten Kugel auf der Spitze mit, ragt er 57 m hoch in den Himmel. Lage und Bauweise des Turmes geben Anlass zur Vermutung, dass er einst zur alten Stadtbefestigung gehörte. Seine Uhr ist ein zuverlässiger Zeitmesser, deren Zifferblätter allerdings keinen Minutenzeiger haben. Die jüngsten Turmglocken stammen vom ehemaligen Kölner Kardinal Meisner, der Vilnius anno 2002 zu den alten Glocken sechs neue schenkte. Von der obersten Plattform des Turmes bietet sich ein schöner Blick auf die Altstadt – allerdings ist der Aufstieg auf 50 Meter Höhe manchmal schweißtreibend! Die Glocken sind übrigens täglich um 17 Uhr zu hören.

› **Katedros aikšte,** Mai–Sept. Mo.–Sa. 10–19, Okt.–April Mo.–Sa. 10–18 Uhr, 4,50 €, Einzelführung auf Deutsch möglich

025vl Abb.: gs

› *Ragt hoch in den Himmel: der Turm vor der Kathedrale* 2

Gediminas und der Eiserne Wolf

024vl Abb.: gs

„König der Litauer und vieler Russen" nannte sich der Ende des 13. Jahrhunderts geborene ***Großfürst Gediminas.*** *Mit seiner weitsichtigen Heirats- und Bündnispolitik mehrte er* ***Macht und Ansehen Litauens.*** *Eines Tages, so die* ***Legende,*** *sei er von seinem Herrschaftssitz in Trakai aus auf die Jagd gegangen und nach der Erlegung eines Auerochsen im Tal zu Füßen des heutigen Burgberges eingeschlafen.* ***Im Traum*** *sei ihm dann ein* ***riesiger Wolf*** *erschienen, den er mit Pfeilen erlegen wollte. Vergeblich, steckte das Raubtier doch in einem eisernen Panzer. In seinem Inneren, so der Volksmund, hätten hundert andere Wölfe geheult. Für einen um Rat gefragten heidnischen Seher waren die Träume jedenfalls die versteckte Botschaft, zu Füßen des heutigen Burgberges* ***eine Stadt zu gründen*** *und eine* ***Burg zu bauen,*** *die so unbezwingbar sein würde wie der eiserne Wolf. Das Geheul der Wölfe, erklärte der Seher, sei ein Symbol für den künftigen Ruhm der Stadt.*

Historisch betrachtet *fiel die Stadtgründung freilich viel nüchterner aus: Gediminas verlegte vermutlich aus militärstrategischen Gründen seinen Amtssitz von Trakai nach Vilnius.*

⏶ *Gedenkfeier vor dem Gediminas-Denkmal auf dem Kathedralenplatz*

Der Kathedralenplatz gilt als **Keimzelle der Stadt** und als besonders geschichtsträchtiger Ort. Schon in vorchristlicher Zeit soll sich hier eine religiöse Kultstätte befunden haben. Später errichtete man auf diesem Territorium auch die Untere Burg, die Residenz der litauischen Großfürsten, die man vor einigen Jahren wieder aufgebaut hat.

Ein weiterer Blickfang auf dem großen und weiten Platz, auf dem im Herbst 2018 Papst Franziskus zur Jugend des Landes sprach, ist die **Rei-**

terstatue des Großfürsten Gediminas, der als Gründer der Stadt Vilnius gilt. Reliefs zu Füßen des meterhohen Sockels zeigen weitere litauische Großfürsten – und den „Eisernen Wolf“, eine Sagengestalt, die meist in Zusammenhang mit der Stadtgründung genannt wird.

2 Kathedrale (Erzbischöfliche Basilika) ★★★ [L8]

Die den Heiligen Stanislaus und Ladislaus geweihte Kathedrale ist das wichtigste katholische Gotteshaus Litauens und Mutterkirche des Erzbistums Vilnius. Ihre gegenwärtige neoklassizistische Form täuscht über ihr Alter hinweg, aber auch wenn ihre Anfänge historisch umstritten sind, gehört die erst im letzten Jahrhundert in den Rang einer Kathedrale erhobene Kirche zu den ältesten des Landes.

Anno 1251, wollen viele Fremdenführer wissen, hätte **König Mindaugas** anlässlich seines Übertritts zum Christentum an der Stelle eines heidnischen Kultplatzes eine erste Holzkirche errichten lassen. Sicher ist, dass **Großfürst Jogaila** (oft auch Jagiello genannt) Ende des 14. Jahrhunderts anlässlich seiner Taufe, die ihm die polnische Königskrone sichern sollte, hier eine erste gotische Steinkirche baute. Im Lauf der Jahrhunderte wurde das Gotteshaus immer wieder zerstört, in wechselnden Baustilen aber auch immer wieder erneuert.

Ihr heutiges Gesicht verdankt die Kathedrale einem litauischen Architekten. Ende des 18. Jahrhunderts war er mit der Renovierung der lange Jahre geschlossenen Kirche betreut worden und schwärmte für den damals modischen **Klassizismus.** Vom Vorgängerbau übernahm er nur den Grundriss, den gotischen Innenraum und ein paar frühbarocke Kapellen wie die des heiligen Kasimir. „Die Kirche“, notierte der Schriftsteller Alfred Döblin deshalb vor rund hundert Jahren nach einem Vilniusbesuch, „sieht aus wie ein griechischer Tempel oder ein polnisches Stadttheater.“

Zwanzig Meter hoch sind die sechs dorischen Säulen der Hauptfassade, die den **Portikus** tragen, die vorgebaute Säulenhalle. In den dahinterliegenden Nischen stehen die vier Evangelisten, Abraham und Moses als große **Barockfiguren.** Das **Giebelrelief** zeigt die Familie Noahs beim Dankopfer für die Rettung aus der Sintflut. Lediglich Kopien der von den Sowjets entfernten Originale sind die drei großen **Figuren auf dem Dach,** die Statuen der Heiligen Stanislaus, Helena und Kasimir. Sie stehen stellvertretend für die Länder Polen, Russland und Litauen.

Lange Jahre diente die Kirche den in Vilnius lebenden Polen als Gotteshaus. In den 1920er-Jahren wurde sie schließlich Sitz des Erzbischofs von Vilnius. **Nach dem Zweiten Weltkrieg** schlossen die Sowjets das Gotteshaus und begannen mit dem Umbau der Kirche zu einer **Gemäldegalerie,** die 1956 ihre Pforten öffnete. Erst nach Abzug der Russen gab der nun unabhängige Staat das Gotteshaus 1989 an die **katholische Kirche** zurück, die es seitdem wieder für Gottesdienste nutzt.

Einen Besuch wert ist auf alle Fälle das Innere der Kathedrale. Hier fällt der **Hauptaltar** mit seinem von schwarzen Marmorsäulen getragenen Fries sofort ins Auge. Das Bild über dem Altar zeigt den **Märtyrertod des heiligen Stanislaus,** der heute zu den polnischen Nationalheiligen gehört. Der einstige Bischof von Krakau hatte den damaligen polnischen König wegen dessen Untreue gegenüber seiner Ehefrau und wegen seines ausschweifenden Lebens gerügt, weshalb ihn der Herrscher anno 1079 während eines Gottesdienstes mit dem Schwert erschlagen ließ. Einige Überlieferungen berichten sogar, der König selbst hätte das Schwert geführt, weil seine Ritter sich geweigert hatten.

Beachtenswert sind auch die vielen kleinen **Kapellen in den Seitenschiffen** mit ihren meist aus dem 18. Jahrhundert stammenden Gemälden. Auf der Südseite zeigen sie Bilder aus dem Alten, auf der Nordseite Bilder aus dem Neuen Testament.

Prunkstück der Kathedrale und am meisten besucht ist die **Kasimirkapelle.** Bau und Ausstattung stammen von italienischen Architekten, Bildhauern und Freskenmalern, welche in der zweiten Hälfte des 17. Jahrhunderts die von den Russen zuvor verwüstete Grabstätte des heiligen Kasimir neu schmückten. Heute krönt die Kapelle eine mit rotem und schwarzem Marmor ausgekleidete Kuppel aus schwedischem Sandstein. In den Nischen stehen versilberte Herrscherfiguren. Große bunte Fresken an den Wänden erzählen aus dem Leben des Heiligen und geben Kunde von Wundern wie der Öffnung seines Sarges, in dem Kasimirs Körper auch nach mehr als hundert Jahren nicht verwest war. Heute liegt sein Leichnam in einem Silbersarg. Den Altar der Kapelle ziert ein mit Silber ausgeschlagenes Bild des Heiligen aus dem 16. Jahrhundert. Es zeigt Kasimir mit gleich **drei Händen.** Der Legende nach kam die dritte Hand bei der Restauration des Bildes Ende des 17. Jahrhunderts trotz mehrmaligen Übermalens immer wieder unter der Farbe zum Vorschein, sodass der Restaurator damals überzeugt war, es

026vl Abb.: gs

mit einem Wunder zu tun zu haben – und deshalb die dritte Hand an ihrer Stelle ließ. So hat Kasimir auf diesem Gnadenbild zwei rechte Hände, die manche als Hinweis auf seine Großherzigkeit und Gerechtigkeit deuten.

Beachtung verdient auch die **Valavicius-Kapelle** – früher auch als Königskapelle bekannt – nördlich des Kathedraleneingangs. In ihr waren anfangs die sterblichen Überreste Kasimirs untergebracht. Die Fresken an der Decke zeigen Stationen aus dem Marienleben: Verkündigung, Heimsuchung, Himmelfahrt und Krönung. Einen Namen machte sich die Kapelle im 16. Jahrhundert auch durch die heimliche Eheschließung zwischen dem polnischen König Sigismund II. August und Barbara von Radziwill. Die beiden bildeten eines der schillerndsten Liebespaare der europäischen Geschichte.

Künstlerisch beeindruckend ist auch das Bild der sogenannten „Sa-

Kasimir mit drei Händen: das mit Silber ausgeschlagene Gnadenbild des Heiligen in der Kasimirkapelle

piega Muttergottes“ in der **Goštautas-Kapelle**, das während der Sowjetzeit eingewickelt auf dem Dachboden des Doms lag. Es zeigt Maria mit dem heiligen Bernhard und dem heiligen Franziskus und wurde im 16. Jahrhundert auf eine Holzplatte gemalt. Auch dieses Bild gilt als wundertätig, was die vielen Menschen erklärt, die man noch heute vor ihm beten sieht.

Neben dem Eingang zur Kasimirkapelle befindet sich der Eingang zum unterirdischen **Mausoleum** mit den Überresten litauischer Großfürsten, polnischer Könige und anderer Herrscher. Allerdings sind die unterirdischen Räume aus dem Mittelalter nur in vorher gebuchten Führungen zugänglich. Diese Rundgänge führen auch in die erst 1985 bei Grabungen freigelegte **Krypta** mit einmaligen Fresken – unter anderem mit einer Kreuzigungsdarstellung aus dem späten 14. Jh., der vermutlich ältesten Wandmalerei Litauens. Versteckt in der Wand wurde damals übrigens auch ein **einmaliger Schatz** entdeckt, dessen Fund man aber aus Angst vor den Sowjets erst im Juli 1998 öffentlich bekannt machte. Die damals entdeckten religiösen Gegenstände im Schätzwert von mehr als zehn Milli-

Kasimir – Litauens Nationalheiliger

Von der Gottesmutter einmal abgesehen genießt in Litauen kein Heiliger größere Verehrung als ***Kasimir.*** *Er war der dritte Sohn des polnischen Königs Kasimir IV. und seiner Gattin Elisabeth und kam 1458 zur Welt. Am königlichen Hof galt der junge Prinz schon früh als* ***überdurchschnittlich intelligent,*** *gleichzeitig aber auch als* ***bescheiden*** *und* ***barmherzig.***

Bereits als 13-Jähriger hatte ihn sein Vater nach ***Ungarn*** *geschickt, um dort zu regieren. Ein Vorhaben, das scheiterte. Wie es heißt, sei Kasimir froh über sein Scheitern gewesen, da er mehr Interesse an* ***Gebet*** *und* ***Kontemplation*** *hatte als an herrschaftlicher Repräsentation. Trotzdem baute ihn sein Vater in der Folgezeit zu seinem Nachfolger als polnischer König auf. Ende des 15. Jahrhunderts vertrat Kasimir seinen Vater zwei Jahre lang in* ***Krakau,*** *wo er durch seinen einfachen und unaufgeregten Regierungsstil schnell die Sympathien der Menschen fand. Des Vaters Wunsch, die Tochter des Habsburger Kaisers Friedrich III. zu heiraten und so die Macht weiter auszudehnen, lehnte der junge Mann aber ab. Vorher hatte er in einem Gelübde* ***ewige Keuschheit*** *geschworen.*

Am 4. März 1484 starb Kasimir ***im Alter von nur 25 Jahren*** *im heute weißrussischen Hrodna vermutlich an Tuberkulose. Gut 30 Jahre nach seinem Tod leitete Papst Leo X. seine* ***Heiligsprechung*** *ein, die offiziell aber erst 1602 bestätigt wurde. Schon vorher waren die Litauer in Scharen zum Grab des Heiligen in der Kathedrale gepilgert, wo man ihm zu Ehren schließlich eine eigene* ***Kapelle*** *baute, die heute seinen Namen trägt. Nach Schließung der Kathedrale durch die Sowjets wurde der Sarg in die St. Peter- und Paul-Kirche überführt. Im Jahr 1989 kehrte er aber wieder auf seinen angestammten Platz in der Kathedrale zurück. Sein Todestag, der 4. März, ist heute ein* ***Gedenktag,*** *der in Vilnius mit einem Kunsthandwerkermarkt besonders groß gefeiert wird.*

onen Euro, darunter wertvollste Monstranzen und Kreuze, sind heute im Museum für kirchliches Kulturerbe in der Michaelskirche 8 zu bestaunen. Vermutlich hatten sie Bürger der Stadt anno 1655 kurz vor dem Einmarsch der Russen in die Wände der Kathedrale eingemauert.

› **Arkikatedra bazilika,** Katedros a. 1, Tel. 5 2610731, www.katedra.lt, Mo.–Sa. 7–19 Uhr, Gottesdienste: Mo.–Sa. um 8, 9 und 18.30 Uhr in der Kasimirkapelle, 17.30 Uhr in der Basilika. Sonntagsmessen um 8, 9, 10, 11.15 (für Kinder), 12.30, 17.30 und 18.30 Uhr. Die Krypta ist nur im Rahmen von englischsprachigen Führungen zu besichtigen (Di., Do. und Sa. 16 Uhr, www.bpmuziejus.lt, 4,50 €). Für den Besuch von Krypta, Glockenturm und Museum für Kirchliches Kulturerbe 8 gibt es ein ermäßigtes Sammelticket.

3 Nationalmuseum Palast der Großfürsten von Litauen ★★★ [L8]

Heute erstrahlt die großfürstliche Residenz wieder in alter Pracht, für rund 100 Millionen Euro neu aufgebaut in Erinnerung an die glanzvollsten Zeiten litauischer Geschichte. Staatsempfänge und repräsentative Veranstaltungen haben seitdem eine neue Adresse. Der neue Großfürstenpalast beherbergt zudem eines der modernsten Museen der Stadt. Auf riesigen Ausstellungsflächen dokumentiert es große Geschichte: Litauens Weg zum Nationalstaat.

Wahrscheinlich war es der **Jagiellonen-König Alexander Jogailaitis,** der den Herrschersitz der litauischen Großfürsten von der Oberen 4 in die Untere Burg verlegte und einen Palast im spätgotischen Stil errichten ließ, der den Ansprüchen großfürstlicher Repräsentation genügte. Sigismund der Alte, sein Nachfolger, ließ ihn im Renaissancestil aufstocken. Unter Aufsicht italienischer Stardesigner baute Sigismunds Sohn den Palast schließlich noch weiter aus und auch die nachfolgenden Herrscher des litauisch-polnischen Doppelreiches aus dem schwedischen Königsgeschlecht Wasa schenkten der Residenz in Vilnius ihr besonderes Augenmerk.

Nach dem großen **Stadtbrand von 1610** wurde der Palast im Stil des nordeuropäischen Manierismus erneuert. Nur wenig später erfolgte der Umbau in eine Prachtresidenz italienischen Frühbarocks. Es war die **Blütezeit** des Palastes und Kulisse für große, internationale Diplomatie. Politische Gesandte aus allen Teilen Europas und Vertreter des Papstes gaben sich in Vilnius die Klinke in die Hand. Im Palast wurden Amtsträger vereidigt, Sitzungen des Staatsrats und des Adelsparlamentes fanden statt, ja sogar Gerichtsverhandlungen. In ganz Europa war der prunkvoll eingerichtete Palast mit seinem großen Park als eines der wichtigsten Kultur- und Kunstzentren der Renaissance und des Frühbarocks bekannt. Hier wurden die **ersten Opern** aufgeführt – früher als in London oder Paris – und hier wurde **große Politik** gemacht. Im 17. Jahrhundert aber wurde der Palast **zerstört** und zu Beginn des 19. Jh. schließlich **abgerissen.**

Nach der Unabhängigkeit Litauens wuchs freilich der Wunsch nach seinem **Wiederaufbau.** Herz des Palastes ist ein großes **Museum,** zu dem im

› Die Obere Burg, zu deren Füßen Vilnius liegt, ist zu jeder Jahreszeit einen Besuch wert

Hof eine Rolltreppe nach unten führt. Hölzerne Treppen und gläserne Gänge führen durch die beim Aufbau ausgegrabenen **Reste des alten Palastes** aus gotischer Zeit. Bilder und Ausstellungsstücke verweisen hier auf die Gründung Litauens. Waffen, Schmuck und alltägliche Gebrauchsgegenstände wie Töpfe oder Kacheln erinnern als stumme Zeugen an die **mittelalterliche Vergangenheit.** Modelle zeigen, wie die herrschaftlichen Residenzen immer größer wurden. Riesige Wandteppiche und meterhohe Kachelöfen in den Obergeschossen dokumentieren großfürstlichen Prunk und Glanz. Zum Ausgang hin erwartet den Besucher das Schwert des Palastgründers, des Polenkönigs und litauischen Großfürsten Alexander.

› **Nacionalinis muziejus Lietuvos Didžiosios Kunigaikštystės valdovų rūmai,** Katedros a. 4, Tel. 5 2620007, www.valdovurumai.lt, Sept.-Mai Di., Mi, Fr., Sa 10-18, Do. 10-20, So. 10-16 Uhr, Juni-Aug. Mo.-Mi 10-18, Do.-Sa. 10-20, So. 10-20 Uhr (Kassenschluss eine Stunde vorher), 6 €, geführte Touren in deutscher Sprache nach Voranmeldung

4 Obere Burg, Gediminas-Turm ★★ [L8]

Bei gutem Wetter unverzichtbar ist ein Besuch auf dem Gediminas-Berg, dem wahrscheinlich schönsten Burgberg des Landes. Von der Panoramaplattform des dortigen Turmes bietet sich ein einmaliger Rundumblick. Richtung Süden reicht er über die ganze Altstadt, Richtung Nordwesten bis zur Neris und der Neustadt. Richtung Westen schaut man auf den Großfürstenpalast und die Kathedrale.

Der **Gediminas-Turm,** über dem 1919 erstmals die Unabhängigkeit signalisierende litauische Flagge wehte, ist das Wahrzeichen der Stadt. Kein Wunder, dass fast alle Besatzer hier ebenfalls ihre Fahnen hissten: 1920 die Polen, 1940 die Russen, 1941 die Nationalsozialisten – und 1944 die Rote Armee. 1988 aber – noch vor Ende der Sowjetherrschaft – zogen die Litauer wieder ihr eigenes Banner auf.

Ausgrabungen belegen, dass rund um den Hügel schon vor Anfang unserer Zeitrechnung Menschen siedel-

101vl Abb.: gs

ten. Damals war er – wie Modelle im Burgturm zeigen – noch an drei Seiten von Flüssen umgeben. Greifbarer wird die Geschichte der Oberen Burg mit **Großfürst Gediminas**, der im 14. Jahrhundert hier eine vermutlich hölzerne Burg errichten ließ. Nach einem Brand von 1419 wurde sie schließlich durch eine **Backsteinburg** mit mächtiger **Wehrmauer** und **Schutztürmen** ersetzt.

Mitte des 15. Jahrhunderts verlor die Burg ihre Funktion als Wehranlage, wurde aber als **Arsenal** weitergenutzt und ab 1610 auch als **Staatsgefängnis.** Im Krieg mit dem Zaren Mitte des 17. Jahrhunderts wurde die Burg schließlich **zerstört** und dann nicht wieder aufgebaut. Nur der achteckige **Westturm**, der sogenannte Gediminas-Turm, blieb erhalten. In den 1950er-Jahren wurde er Sitz eines kleinen Museums. Eine hölzerne Wendeltreppe führt hoch auf die **Aussichtsplattform.** Groß gewachsene Zeitgenossen sollten beim Weg nach oben wegen der niedrigen Decke auf den letzten Stufen den Kopf einziehen!

Zur Burg selbst führt ein nur leicht anstrengender **Spazierweg.** Wem der Fußmarsch zu beschwerlich ist, der kann von der Flussseite her auch mit einer **Standseilbahn** den Höhenunterschied von rund 50 m bewältigen. Sie fährt täglich zwischen 10 und 19 Uhr, von Oktober bis März nur bis 17 Uhr (Fahrpreis hin und zurück 2 €). Die Talstation liegt etwas versteckt in einem Hof des Litauischen Nationalmuseums 5.

› **Gedimino pilies bokštas**
› **Museum im Gediminas-Turm,** Arsenalo g. 5, Tel. 5 2629426, April–Sept. tgl. 10–21, Okt.–März tgl. 10–18 Uhr, www.lnm.lt, 5 €

5 Litauisches Nationalmuseum ★★ [L7]

In zwei alten Palästen zu Füßen des Burgberges finden sich einige der bedeutendsten Museen des Landes. Das gewichtigste ist das Litauische Nationalmuseum. Es wurde 1855 gegründet und gilt als ältestes Museum im Land. Im Neuen Arsenal zeigt es wichtige Dokumente zur Geschichte des Landes und zum Alltag in Litauen, im Alten Arsenal archäologische Zeugnisse aus der Frühgeschichte. Im Westflügel des Alten Arsenals findet sich ein Ableger des Kunstmuseums Litauen, das Museum für Angewandte Kunst mit oft beachtenswerten Sonderausstellungen.

Fast eine Million **Exponate zur litauischen Geschichte** lagern im **Neuen Arsenal**, einem Prachtbau mit gotischen Kellern und klassischer Fassade. Die schönsten und wichtigsten werden öffentlich präsentiert: alte Münzen und Uhren, Landkarten, Stammbücher, Ölgemälde, Ikonen, Musikinstrumente, Uniformen und Dokumente. Zu sehen sind auch Prunkschlitten aus dem 19. Jahrhundert, russische Intarsienarbeiten, Kanonenkugeln und riesige Türschlösser sowie Schatztruhen, in denen die Handwerksgilden einst ihre Insignien aufbewahrten. Ein Stockwerk höher ist das **Alltagsleben** in Litauen dokumentiert und es finden sich alte Trachten, vom Handschuh bis zur Socke. Wohnstuben aus dem 17. bis 19. Jahrhundert geben ebenso wie Holzbestecke oder handgemachte Tischdecken Einblicke in die Volkskultur. Heiligenfiguren und Kreuze aus Metall, Holz und anderen Materialien zeugen von der Frömmigkeit der Balten.

Im **Alten Arsenal** daneben, ebenfalls im gotischen Stil erbaut und im klassischen Stil des 17. Jahrhunderts restauriert, ist heute die **archäologische Abteilung** des Litauischen Nationalmuseums untergebracht. Waffen und Werkzeug aus der Altsteinzeit zeugen von den ersten Menschen in dieser Region, die schon bald mit Netzen auf Fischfang gingen und langsam die Kultur der Jäger und Sammler verfeinerten. In der Bronzezeit entstanden dann die ersten Minisiedlungen. Wie deren Bewohner gekleidet waren, rekonstruierten die Archäologen aus Gräberfunden. So tragen Schaufensterpuppen mit meist langen Haaren heute die nachgeschneiderte Kleidung aus vorchristlicher Zeit.

› **Lietuvos nacionalinis muziejus,** Arsenalo g. 1–3, Tel. 5 2629426, www.lnm.lt. Di.–So. 10–18 Uhr, je 3 €

Litauens erster großer Herrscher

Vor dem Nationalmuseum ❺ *thront unübersehbar der erste große Herrscher des Landes, der litauische* ***Großfürst Mindaugas.*** *Zepter und Reichsapfel trägt er zum Zeichen seiner königlichen Macht. Das Granitdenkmal wurde am 6. Juli 2003 zum 750. Jahrestag seiner Krönung enthüllt. Der Sockel ist von einem* ***Sonnenkalender*** *umrahmt, der auf wichtige Feste hinweist.*

Für die Litauer ist Mindaugas auch heute noch ein ***Volksheld.*** *Manche wollen in ihm den Bauherren der ersten Kirche in Vilnius sehen, deren romanische Reste im Keller der Kathedrale* ❷ *noch heute gern gezeigt werden. Mindaugas wurde um 1203 geboren und regierte vermutlich ab 1238 als Großfürst, nachdem er fünf Fürstentümer Litauens zu einem Staatswesen vereinigt hatte. 1251 hatte er sich* ***taufen lassen,*** *was ihm der Papst zwei Jahre später mit der Verleihung der Königskrone dankte. Aus militärstrategischen Überlegungen soll Mindaugas aber wieder zum Heidentum zurückgekehrt sein. Das behaupteten jedenfalls die Ritter des Deutschen Ordens, die das Reich des Großfürsten und Königs immer wieder attackierten und zu seinen größten Widersachern gehörten.*

Im Herbst 1263 wurde Mindaugas von seinem ***Schwager*** *Daumantas und seinem heidnischen* ***Neffen*** *Treniota* ***ermordet.*** *In ihren Augen hatte sich Mindaugas durch den Übertritt zum Christentum als Kämpfer für das damals meist bäuerliche, nicht christliche Volk unglaubwürdig gemacht. Auch wenn vieles in seinem Leben historisch umstritten ist, die Litauer verehren ihn auch heute noch überschwänglich. Sein* ***Krönungstag,*** *der 6. Juli, gilt als offizieller Feiertag im Land.*

003vl Abb.: gs

6 St.-Peter-und-Paul-Kirche ★★★ [N6]

Mit seinen rund zweitausend Stuckfiguren im Inneren gilt die den beiden Aposteln Petrus und Paulus geweihte katholische Kirche als das populärste Baudenkmal der Barockzeit in Vilnius. Ein inzwischen auch international gut angesehenes architektonisches Meisterwerk, das Dank seiner Lage am Rand der Altstadt von Bränden, Krieg und Zerstörung über Jahrhunderte weitgehend verschont blieb. Heute ist die renovierte Kirche eines der wichtigsten touristischen Ziele.

In vorchristlicher Zeit soll sich hier ein Heiligtum der baltischen Liebesgöttin Milda befunden haben, später errichteten Missionare am heidnischen Ort eine Holzkirche, die Mitte des 17. Jh. zerstört wurde. Schon bald danach aber erstand aus den Trümmern das neue Gotteshaus, eine **dreischiffige Kirche** nach dem Muster eines lateinischen Kreuzes mit zwei schlichten Türmen und einer Kuppel.

028vl Abb.: gs

1675 feierte man ihr Richtfest, aber erst im nächsten Jahrhundert wurde die Kirche bezugsfertig. Angesichts der Fülle und Pracht, in der sie sich heute dem Besucher zeigt, kann man das verstehen: Reichhaltiger ist keine andere **Barockkirche** des Landes ausgestattet. **Hunderte von Stuckfiguren** wurden überall in der Kirche verteilt, alle im Blickfeld von **Gottvater**, dessen Antlitz aus der Kuppel schaut. Biblische, mythische und allegorische Gestalten haben so in der Kirche Platz gefunden, aber auch Gesandte verschiedenster Völker und Berufe. Arm befindet sich neben Reich, Teufel neben Engel, der Tod neben dem Leben. Figuren, an denen man sich kaum sattsehen kann, geschaffen von den beiden italienischen Bildhauern G. P. Perti und G. M. Galli, die ihrer **künstlerischen Lebenslust** freien Lauf ließen. Dämonen grinsen so aus der Taufkapelle, andere Figuren verkörpern Tugenden und Laster und kaum ein populärer Heiliger, der hier nicht Gestalt gefunden hätte.

Der weithin sichtbare **Lüster in Form eines Schiffes** wurde erst vor gut einhundert Jahren geschaffen. Am Altar am linken Ende des Querschiffes findet sich das Bild der „Gnadenreichen Jungfrau Maria", auf dem die Muttergottes die Blitze des Gotteszornes zerbricht. Es ist ein **Gnadenbild**, das ein Bischof einst aus Rom mitbrachte. Am Übergang vom Querschiff zum Chor steht ein weiterer Altar mit einem weiteren Gnadenbild. Dabei handelt es sich um eine hölzerne, vermutlich um das Jahr 1700 in Rom entstandene und im Volksglauben als wundertätig geltende **Ecce-Homo-Figur** mit einer Echthaarperücke, die „Jesus von Antakalnis“ genannt wird. Plastische und gemalte Kopien des „Jesus von Antakalnis“ finden sich übrigens in ganz Litauen.

› **Šv. Apaštalų Petro ir Pauliaus bažnyčia,** Antakalnio g. 1, Tel. 5 2340229, tgl. 6–18.30 Uhr, Gottesdienste: Mo.–Sa. 7, 8.30, 17, 18, So. 7.30, 8.30, 10, 11.30, 13 und 18 Uhr

7 St. Annenkirche und Bernhardinerkirche ★★★ [M8]

Manchen Betrachter erinnert die Kombination der beiden Gotteshäuser an ein ungleiches Ehepaar. Klein und zierlich kommt Sankt Annen daher, alt und wuchtig Sankt Bernhard. Zusammen aber bilden sie eines der schönsten Kirchenensembles Europas, das sogenannte „Gotische Ensemble“.

Die jünger erscheinende Kirche **St. Annen** ist erstaunlicherweise die ältere. Sie ist der Mutter Mariens geweiht und ein architektonisches Juwel aus Ziegelstein. Mehr als dreißig verschiedene Sorten schachtelten die Baumeister hier zu einem gotischen Gesamtkunstwerk, einem Bau mit spitzen Fenstern, Türmchen und Fialen. Die Baugeschichte der St. Annenkirche gibt bis heute Rätsel auf. Fest steht nur, dass sie in ihrer jetzigen Form zwischen 1495 und 1500 an Stelle eines Vorgängerbaus errichtet wurde. Da man ihren Baumeister nicht genau kennt, blühen die **Legenden.** Eine erzählt von zwei Männern, einem einheimischen Meister und einem weit gereisten Gesellen. Der Meister habe den schmucklosen Unterbau gefertigt, sein Schüler den Bau dann weltmännisch vollendet. Als beide zum Schluss hoch oben auf einem Türmchen standen, hätte der Neid den Meister gepackt, der seinen Schüler daraufhin in den Tod hinabstürzte. Die Wissenschaft sieht den Bau etwas nüchterner: Lange Zeit hielt man einen Danziger Baumeister für ihren Erbauer, inzwischen gilt der böhmische Stararchitekt **Benedikt Ried,** der auch für den berühmten Wenzelssaal auf dem Prager Hradschin verantwortlich zeichnet, als ihr Schöpfer. So prächtig wie das Äußere, so einfach ist übrigens das barocke Innere. Die gotische Erstaus-

079vl Abb.: gs

Die St. Annenkirche, ein gotisches Juwel, ist der Mutter Mariens geweiht

Die Kirche St. Peter und Paul gilt als schönste Barockkirche Litauens

stattung fiel verschiedenen Bränden zum Opfer, welche die Kirche immer wieder heimsuchten. Neben der Kirche steht ein 1873 erbauter neugotischer **Glockenturm** und die sogenannte **Kapelle der Christustreppe.**

Schräg hinter St. Annen liegt die kurz **Bernhardinerkirche** genannte größte gotische Sakralkirche der Stadt. Sie ist unter anderem dem heiligen Franz von Assisi geweiht und wird auch heute wieder von Franziskanermönchen verwaltet. Anders als die St. Annenkirche wurde St. Bernhard nicht nur als Gotteshaus geplant. 19 **Schießscharten** in der Nordfassade zeugen von ihrer Rolle als **Wehrkirche** am Ostrand der Stadt. Schon im Mittelalter hatten Bernhardinermönche, deren Orden Anfang des zweiten Jahrtausends aus dem Benediktinerorden hervorgegangen war, hier eine erste Kirche samt Kloster errichtet. Ihr heutiges Gesicht mit den typischen Spitzbogenfenstern und Strebepfeilern erhielt die Kirche aber erst viel später. In der Sowjetzeit war die Kirche geschlossen und diente lange Jahre als Lagerhaus. Inzwischen ist sie gründlich renoviert worden, sind die gotischen Fresken, barocken Seitenaltäre und Grabdenkmäler wieder herausgeputzt.

› **Šv. Onos bažnyčia (St. Annenkirche),** Maironio g. 8, Tel. 8 69817731, www.onosbaznycia.lt, Mai–Sept. So. 8–19, Di.–Sa. 10.30–18.30 Uhr, Okt.–April So. 8–17, Di.–Fr. 16.30–18.30, Sa. 10.30–18.30 Uhr, Gottesdienste: Di.–Sa. 17.30, So. 10 und 12 Uhr

› **Bernardinų bažnyčia (Bernhardinerkirche),** Maironio g. 10, Tel. 8 68240216, www.bernardinuparapija.lt, Mo., Di. 7.30–18, Mi., Fr. 7.30–19, Sa. 8.30–19, So. 8.30–18 Uhr, Gottesdienst: Mo.–Fr. 7.30 (Mi. auch 18 Uhr), Sa. 9 und 18, So. 9 (auf Englisch), 10.30, 13 und 17 Uhr

8 St. Michaelskirche, Museum für kirchliches Kulturerbe ★★ [L8]

Gleich gegenüber dem gotischen Ensemble findet sich in der St. Michaelskirche einer der schönsten Kulturtempel in Vilnius: das Museum für kirchliches Kulturerbe, in dem die wichtigsten Kirchenschätze der Stadt fachmännisch und öffentlichkeitswirksam präsentiert werden.

Die **helle Fassade** von St. Michael steht im Gegensatz zu den Rottönen der Sakralbauten gegenüber. **Leonas Sapiega** (1557–1633), zeitweise Kanzler des Großfürstentums Litauen, hatte das Gotteshaus Anfang des 17. Jh. als **Mausoleum** bauen lassen. Unter der Auflage, dass die Kirche seine Gruft und die seiner Familie werde, übereignete er den Bernhardinern das Renaissancegroßbauwerk, das damals eines der mächtigsten Bollwerke katholischen Glaubens in Vilnius war. Im 18. und 19. Jh. wurde die gotische Kirche mit barocken Stilelementen angereichert. 1948 entschieden die **Sowjets,** in ihr ein Architekturmuseum einzurichten. Die wichtigsten Altäre wurden herausgerissen, Kunstgegenstände gestohlen, den Rest zerstörte 1964 ein Feuer.

Nach der Unabhängigkeit Litauens wurde die dem Erzengel Michael geweihte Kirche dem Erzbistum Vilnius zurückgegeben, das dort schließlich das heutige **Museum** einrichtete. Es birgt **liturgische Prunkstücke** aus den schönsten Kirchen des Bistums, vor allem aber aus der alten Kathedrale von Vilnius: kostbare Monstranzen, kunstvoll bestickte Messgewänder und Mitren, Prozessionskreuze, Messkelche, Reliquienbehälter und Weihrauchfässer, feinste Arbeiten aus Silber und Gold. Zu den bedeutendsten Ausstellungsstücken zählen eine aus dem 17. Jh. stammende **Kasimir-Reliquie** aus der Kathedrale von Vilnius und ein **Armreliquiar des heiligen Stanislaus** aus dem frühen 16. Jh. Auf der zum Museum gehörenden ehemaligen Kirchenempore findet sich neben Marienfiguren eine alte **italienische Orgel**, die hin und wieder bei Konzerten zum Einsatz kommt.

› **Šv. Arkangelo Mykolo bažnyčia, Bažnytinio paveldo muziejus,** Šv. Mykolo g. 9, Tel. 5 2697803, www.bpmuziejus.lt, Di.–Sa. 11–18 Uhr, 4,50 € (Fotoerlaubnis 1,50 €). Deutschsprachiger Audioguide im Angebot!

9 Heilig-Geist-Kirche ★ [K9]

Hinter der Universität, etwas abseits der touristischen Routen, liegt die katholische Heilig-Geist-Kirche, deren **Kuppel** allerdings nicht zu übersehen ist. Heute gehört sie der polnischen Gemeinde, mit der Papst Johannes Paul II. hier 1993 eine Messe feierte.

Die Kirche wurde 1408 gestiftet, 1501 an ein Dominikanerkloster angeschlossen und im 18. Jh. im Barockstil umgebaut. Während der Zarenzeit diente die Klosterkirche als **Gefängnis**, in dem polnische und litauische Freiheitskämpfer eingekerkert waren. Sehenswert ist die Rokokoausstattung im Inneren mit mehreren Barockaltären, schönen Gemälden und einer Orgel. In der unteriridischen **Krypta** ruhen mumifizierte Leichen – vermutlich Pesttote, suchte die tödliche Seuche doch Vilnius gleich mehrmals heim.

› **Šv. Dvasios Domininkonų bažnyčia,** Dominikonų g. 8, Tel. 5 2629595, tgl. 15-19 Uhr, Gottesdienste in polnischer Sprache: Mo.–Sa. 15 und 18 Uhr, So. 8, 9, 10.30, 12, 13.30 und 18 Uhr

102vl Abb.: gs

Gotisches Schmuckstück mit barocker Prägung: die St. Michaelskirche dient heute als Museum

KLEINE PAUSE

Ein Tässchen Kaffee zum Buch

Wie wäre es, einen Kaffee oder Pfefferminztee im Buchladen zu genießen? Im Mint Vinetu, einem kleinen **Secondhandbuchladen** in der Altstadt, ist das möglich. Die angebotenen Bücher sind sehr preiswert. Warum also nicht einmal ein Stündchen bei einem heißen Tee oder einem frischen Tässchen Kaffee in alten Büchern schmökern? Und wenn man ein altes Buch in Zahlung gibt, erhält man auf ein neues gewöhnlich Rabatt.

1 [K9] **Mint Vinetu,** Šv. Ignoto g. 16, www.mintvinetu.com, Tel. 8 61820347, tägl. 10–21 Uhr

10 Universitätsviertel mit Johanneskirche ★★ [L8]

Das alte Universitätsviertel hat sein ganz eigenes Gesicht. Genau betrachtet handelt es sich um einen kleinen Stadtteil mit Studienkollegs und Hörsälen aller Größe, mit Bibliotheken und Studierzimmern, mit zahllosen Innenhöfen und einer großen Kirche. Ein Quartier, in dem man sich leicht verlaufen kann, aber das sollte einen auf keinen Fall von einem Besuch abhalten!

Das Ensemble der alten Universität ist eine **bauliche Mischung** aus Gotik, Renaissance, Barock und klassischer Architektur. Der Komplex wird von Pilies, Šv. Jono, Universiteto und S. Skapo gatvė gesäumt und ist ein Ort der Forschung und Lehre und Heimstatt bedeutender Gelehrter und Forscher, ja sogar Nobelpreisträger.

1578/1579 war die Universität aus dem vorher gegründeten Jesuitenkolleg hervorgegangen. Damit gehört sie zu den **ältesten Hochschulen Osteuropas.** Bis 1773 waren die **Jesuiten** der Träger, dann ging die Universität in den **Besitz des Staates** über, der ihr 1781 den Titel „Hauptschule des Großfürstentums Litauen" verlieh. Nach der **zaristischen Machtübernahme** wurde die Universität 1803 in den Rang einer Kaiserlichen Universität erhoben. Weil sich viele ihrer Studenten und Professoren aber 1830 am **Zarenaufstand** beteiligten, wurde die Bildungsstätte zwei Jahre später **geschlossen.** Für fast 100 Jahre verlor Litauen damit sein geistiges Zentrum.

Erst 1919 wurde sie als litauische Universität wiedereröffnet und wechselte in der Folge mit jedem neuen Besatzer des Landes ihre Trägerschaft: Mal gaben Polen, mal Russen oder Deutsche den Ton an. Inzwischen gehört die Universität dem litauischen Staat und **rund 20.000 Studenten** studieren in Vilnius, betreut von knapp 3000 Lehrkräften. Allerdings sind in der Altstadt heute nur noch das Rektorat, die Bibliothek sowie drei der mehr als ein Dutzend Fakultäten und Institute untergebracht: nämlich Philologen, Historiker und Philosophen.

Am besten betritt man den Campus über den **Haupteingang** in der Univer-

032vl Abb.: gs

siteto gatvė (Universitätsstraße). Ein Dutzend **Höfe** laden zur Besichtigung, um die sich die Lehrsäle und andere Universitätseinrichtungen gruppieren. Sehenswert ist auf alle Fälle die **Bibliothek** mit ihren mehr als 5 Millionen Publikationen. Wollte man sie alle in Augenschein nehmen, müsste man eine ganze Woche lang die 166 Regalkilometer ablaufen. Tausende der Bücher stammen noch aus dem 15., 16. und 17. Jahrhundert, darunter wertvolle Atlanten und Bibeln. Noch älter sind die mittelalterlichen Handschriften und Inkunabeln. Die schönsten finden sich im sogenannten **Smuglevičius-Saal**, dessen Deckenfresken Beachtung verdienen. Das architektonische Prachtstück des Viertels ist der **Große Hof**, der auf seine Betrachter wie ein großer Saal unter freiem Himmel wirkt. An drei Seiten rahmen ihn Gebäude mit Arkadengängen ein, zum Teil ebenfalls mit Fresken verziert. An der Ostseite schließt sich das Haupthaus der Universität mit der großen Aula an, eines der ältesten Gebäude der Hochschule. In vielen Stadtführungen ist ein Kurzbesuch der Universität eingeschlossen. Individuelle Führungen durch die Bibliothek ab vier Personen gibt es nach Voranmeldung – auch in englischer Sprache (Info-Tel. 5 2687103).

› **Vilniaus universitetas (Universität Vilnius),** Universiteto g. 3, Tel. 52193029, www.muziejus.vu.lt, Mo.–Sa. März–Okt. 9–18, Nov.–Febr. 9.30–17.30 Uhr, 1,50 €, 90-minütige Bibliotheksführung 5 €

Ebenfalls zur Universität gehört die Johanneskirche. Sie wurde unmittelbar nach der Christianisierung Litauens gebaut und deshalb gleich **zwei Heiligen gleichen Namens geweiht.** Offiziell heißt sie „Kirche des heiligen Johannes des Täufers und des heiligen Johannes Apostels und Evangelisten". Von ihrer ursprünglichen Pracht zeugen allerdings nur noch ein paar gotische Pfeiler und Fenster.

1571 übernahmen die **Jesuiten**, die damals ja auch die Universität betreuten, die Kirche. Nach einem **Großbrand** wurde aus der gotischen Hallenkirche ein spätbarockes Prachtstück mit 22 Altären und 7 Kapellen, von denen viele aber später wieder abgetragen wurden. Während der **sowjetischen Besatzungszeit** nutzte die Rote Armee die Kirche eine Zeit lang als **Lager**, später war ein **Museum** in ihr untergebracht. Heute aber wird sie wieder von den Jesuiten als **Kirche** und **Ausstellungsraum** genutzt.

Zehn Barockaltäre, die alle Wirren der Zeit überlebt haben, reihen sich im Halbkreis aufsteigend über Chor und Apsis. Wegen ihrer ausgezeichneten Akustik wird die Kirche auch gern als **Konzertsaal** genutzt. Ihr Prachtstück ist die **neue Orgel**, die größte Litauens, die den Ruhm der alten Universität zumindest musikalisch in alle Welt trägt. Nicht zu übersehen ist der frei stehende, fast 70 m hohe **Glockenturm.** Er ist der höchste der Stadt. Von Mai bis September bietet seine **Aussichtsplattform** in 45 Metern Höhe einen einmaligen Blick über die Altstadt. Sie ist über 193 alte Holzstufen zu erreichen – oder mit dem Aufzug.

› **Šv. Jonų bažnyčia,** Šv. Jono g. 12, Tel. 5 2121715, www.vu.lt, 10–17 Uhr, Gottesdienste: Di.–Do. 18, So. 11 Uhr, die Plattform des Glockenturms ist von Mai bis September täglich 10–18.30 Uhr geöffnet, Eintritt: 2,50 €

◁ *Verwinkelte Arkadengänge im alten Universitätsviertel*

11 Präsidentenpalast ★ [K8]

Der Präsidentenpalast heißt im Volksmund schlicht „Präsidentur“ und liegt wie eine Intarsie im Gewirr der Altstadtgassen. Er befindet sich auf dem S.-Daukanto-Platz, benannt nach **Simonas Daukantas**, der erstmals die Geschichte des Landes in litauischer Sprache aufgeschrieben hatte. Besuchern steht der Palast gewöhnlich nur am Ende der Woche offen, wenn es kostenlose **Führungen** gibt. Mit viel Glück kann man sogar einen Blick in das Arbeitszimmer des Staatsoberhauptes werfen. Schon Zar Alexander I., Frankreichs König Ludwig XVIII. oder Kaiser Napoleon machten hier Station. Seit 1997 ist der umfassend restaurierte Palast **Amtssitz des litauischen Staatsoberhaupts.** Sehenswert ist die sonntägliche **Wachablösung** um 12 Uhr, bei der häufig die Ehrengarde in mittelalterlichen Uniformen erscheint.

› **Prezidento rūmai,** S. Daukanto a. 3, Tel. 70664073, www.president.lt, Führungen: Fr. ab 16.15, Sa./So. ab 9 Uhr. Zur Führung muss man ein gültiges Ausweisdokument mitbringen. Zudem muss man sich vor dem Besuch mindestens drei Tage vorher anmelden (auch unter ekskursijos@prezidentas.lt möglich).

12 St. Katharinenkirche ★ [K9]

Wie ein Bollwerk erhebt sich die Katharinenkirche in der Vilniaus gatvė. Der spätbarocke Prachtbau dient heute als **Kulturzentrum.** Wegen der guten Akustik nutzt man das ehemalige Gotteshaus gern auch für Konzerte.

St. Katharinen war die erste große Kirche, die nach der Unabhängigkeit Litauens komplett renoviert wurde. Sein heutiges Aussehen erhielt das einstige Klosterensemble Mitte des 18. Jh. Während der Sowjetzeit verfiel die als Lagerhaus genutzte Kirche immer mehr. Heute ist sie eines der **gelungensten Beispiele der Stadterneuerung.**

› **Šv. Kotrynos bažnyčia,** Vilniaus g. 30, www.kultura.lt, keine Innenbesichtigung

13 MO Museum – Museum für moderne und zeitgenössische Kunst ★★★ [J9]

Seit Ende 2018 ist Vilnius um eine Attraktion reicher. Das neue Museum am Rand der Altstadt beherbergt Litauens moderne und zeitgenössische Kunst. **Gemälde, Fotos, Installationen, Videos** und andere Formen künstlerischer Gestaltung dokumentieren, wie sich die Kunst seit Ende des Kalten Kriegs im Land entwickelt

100vl Abb.: nt

hat. Es ist eine ständig wechselnde Schau, die auf gut 5000 Arbeiten von rund 250 Künstlern basiert. Diese werden jährlich in zwei großen und drei bis vier kleinen Ausstellungen präsentiert. Wer will, kann sich auf der Website des Museums schon vorher über die Arbeiten und Biografien der Künstler informieren.

Zudem macht das neue Museum als **spektakulärer Bau** von sich reden. Er stammt von einem der weltbesten Architekten, dem gebürtigen Polen **Daniel Libeskind.** Sein von viel Licht durchfluteter Kunstpalast mit einem öffentlich begehbaren begrüntem Dach und großem Innenhof ist sichtbarer Beweis einer selbstbewussten Nation, die ihre aktuelle Kunst nicht versteckt, sondern in festen und wechselnden Ausstellungen der Welt im passenden Ambiente präsentiert. Zum gut 3000 m² großen Museum gehören auch ein **Café** und eine **Kunstbuchhandlung.**

› **MO Museum,** Pylimo g. 17, Tel. 06 0983764, www.mo.lt, Mo., Mi., Do., Sa., So. 10–20, Fr. 10–22 Uhr, 7 €

14 St. Nikolauskirche ★ [K9]

Die **russisch-orthodoxe Nikolauskirche** ist die **älteste erhaltene Kirche in Litauen** und geht auf das 14. Jh. zurück. Im 18. und 19. Jh. wurde sie zum Teil barockisiert, Fensteröffnungen herausgebrochen, ein **Turm** und eine **Sakristei, barocke Altäre,** eine **Orgel** und ein **Orgelchor im Rokokostil** dazugefügt. Der rechte Seitenaltar ist heute der Muttergottes gewidmet, der linke dem **hl. Nikolaus.** Sein von Votivgaben gesäumtes Bild zeigt ihn mit einem Schiff unter dem Arm – ein Verweis auf eine Nikolauslegende, nach der er Matrosen in Seenot das Leben rettete.

In der ersten Hälfte des 20. Jh. war St. Nikolaus die einzige katholische Kirche in Vilnius, in der **auf Litauisch gepredigt** wurde, was sie bis heute zu einem der **Zentren litauischer Identität** macht. Besonders deutlich wurde das zuletzt unter der Sowjetherrschaft. So hatte man 1959 eine neue Skulptur des hl. Christophorus neben die Kirche gestellt – wohl wissend, dass die Sowjets alle Darstellungen des christlichen Stadtpatrons aus dem Verkehr ziehen würden. Es war eine besondere Art des Protestes.

› **Šv. Mikalojaus bažnyčia,** Šv. Mikalojaus g. 4, Tel. 5 2623069, www.mikalojus.lt, Mo.–Fr. 13–18.30, So. 7.30–15 Uhr, Gottesdienst: Mo.–Fr. 8 und 18, Sa. 9, So. 8, 10 und 14 Uhr

15 St. Paraskevakirche ★ [L9]

Hinter bunten Souvenirständen versteckt sich die russisch-orthodoxe St. Paraskevakirche in der Didžioji gatvė. Das erste Gotteshaus soll hier im 14. Jahrhundert für eine Prinzessin, die **Frau des Großfürsten Algirdas,** gebaut worden sein. Anfang des 17. Jh. gehörte das Gebäude dem **Basilianerorden,** einem ursprünglich ukrainischen Mönchsorden, der es als **Gasthaus** nutzte. Später erhielt die orthodoxe Gemeinde die Kirche zurück und ließ sie schließlich im **neobyzantinischen Stil** erneuern. Nach dem Zweiten Weltkrieg diente die Kirche zeitweise als Gemäldegalerie, seit Anfang der 1990er-Jahre wird sie aber wieder als Gotteshaus genutzt.

› **Kankines Paraskeves,** Didžioji g. 2. Besichtigung manchmal möglich, die Inneneinrichtung ist aber wenig beeindruckend.

◁ *Neues Schmuckstück: das Mo Museum*

Im Viertel der Juden

Um die vom Alten Rathaus 16 *abgehende „Deutsche Straße" (Vokiečių g.) erstreckte sich einst das* ***jüdische Viertel.*** *Während der* ***deutschen Besatzung*** *waren hier die* ***Gettos,*** *die 1941 von den Nationalsozialisten eingerichtet wurden. Im kleinen und großen Getto waren viele Zehntausend Menschen auf engstem Raum zusammengepfercht und hausten oft zu Dutzenden in schmutzigen Zimmern und Kellern. Trotzdem gelang es ihnen, zwischen ihren Zwangslagern eine* ***Bibliothek*** *und ein* ***Theater*** *einzurichten – Ausdruck eines kulturellen Selbstbewusstseins, das die jüdische Bevölkerung der Stadt prägte.*

Über Jahrhunderte hatte sich Vilnius zu einer der wichtigsten jüdischen Siedlungen Europas entwickelt. Schon früh hatten sich hier die ***Litvaken*** *niedergelassen, wie man die jüdischen Siedler des ehemaligen Großfürstentums Litauen bis heute nennt. 1573 wurde mit dem Bau einer großen Synagoge begonnen, in deren Schatten das kulturelle Leben zu blühen begann. Die jüdische Gemeinschaft in Vilnius definierte sich weniger durch religiöse als durch eine eigene* ***kulturelle Identität.*** *Und dies vor allem durch die* ***jiddische Sprache*** *und einen* ***aufklärerischen Geist,*** *der den Grundstein für ein neues, weltoffenes Judentum legte und das „jiddische Vilne" schnell zum* ***geistigen Zentrum der Juden Osteuropas*** *machte. Auch wenn in Warschau mehr Juden lebten, galt Vilnius als das eigentliche „Jerusalem des Nordens".*

Jeder dritte Einwohner der Stadt war damals jüdischen Glaubens. Eine starke Gemeinschaft, die auch eine der ersten ***Widerstandsbewegungen*** *gegen die Nationalsozialisten schmiedete. Dem* ***Massenmord*** *durch die Nazis und ihre litauischen Kollaborateure aber waren sie schutzlos ausgeliefert. Schon im Oktober 1941 wurde das kleine Getto, das für die Arbeitsunfähigen vorgesehen war, aufgelöst, das große im September 1943. Die Bewohner wurden größtenteils in Ponar ermordet.*

Nur ein paar Hundert Gettobewohner überlebten den ***Holocaust.*** *Ihren toten Mitbürgern setzten sie nach Kriegsende ein Denkmal, das die Sowjets 1953 aber wieder abrissen. In der UdSSR war das Gedenken an die jüdischen Opfer unerwünscht. So erinnert heute in Vilnius nicht mehr viel an die Gräueltaten von einst. Nur vom* ***kleinen Getto*** *blieb das eine oder andere Haus stehen. An der Stelle der großen Synagoge, die nach ihrer Zerstörung in der Sowjetzeit endgültig abgerissen wurde, steht heute ein Kindergarten. Eine* ***Gedenktafel*** *in der Gaono gatvė mahnt an die vielen Tausend Juden, die von hier in den Tod getrieben wurden. Und auch im Wald von Paneriai, weit draußen vor den Toren der Stadt, wo die Massenerschießungen stattfanden, erinnert ein 1991 aufgestelltes* ***Denkmal*** *an die Opfer.*

Inzwischen gibt es in Vilnius wieder eine ***wachsende jüdische Gemeinde*** *mit einem staatlichen Gymnasium, Kindergarten und Kulturzentrum. Besucher, die sich für die jüdische Geschichte und den Alltag in den Gettos interessieren, können im Staatlichen Jüdischen Museum* *(s. S. 53)* *mit seinen verschiedenen Gedenkstätten mehr erfahren.*

16 Rathausplatz und Altes Rathaus ★★★ [L9]

Der Rathausplatz ist die gute Stube der Stadt, zentral gelegen und ringsum von Häusern umgeben. Im Sommer sitzt man auf den Freiluftterrassen der umliegenden Restaurants. Blickfang ist das Alte Rathaus, das heute für Ausstellungen, Dichterlesungen, Konzerte, Jubiläumsveranstaltungen und Empfänge genutzt wird.

Auf dem Rathausplatz kreuzten sich früher die Verkehrswege von Moskau nach Danzig mit denen von Krakau nach Riga. Hier wurde gefeilscht und gehandelt, **Märkte** und **Messen** fanden statt, **Mysterienspiele** und **Volkstheater.** Am **Schandpfahl** in der Mitte des Platzes büßten Verbrecher für ihre Taten. Ringsum wohnten Kaufleute und Handwerker und es gab **Geschäfte** und **Kneipen** – fast so wie heute, wo sich der Platz allerdings viel größer als damals präsentiert.

An der Südseite stand vermutlich schon im späten 14. Jh. der erste **Verwaltungssitz** der Stadt. Sein heutiges Gesicht mit der wuchtigen klassizistischen Säulenfront erhielt das Rathaus aber erst nach seinem durch einen Großbrand bedingten Umbau Ende des 18. Jh. Den Giebel ziert das Stadtwappen mit dem heiligen Christophorus. An die gotische Vergangenheit des Baus, in dem heute mehr als 300 Veranstaltungen pro Jahr stattfinden, erinnert nur noch der Keller mit dem Sternengewölbe.

› **Rotušė,** Didžioji g. 31, Tel. 5 2618007, www.vilniausrotuse.lt, gewöhnlich Mo.–Do. 9–18, Sa. bis 17 Uhr, Eintritt variabel

⊡ *Und abends mit Beleuchtung: der Rathausplatz mit dem alten Rathaus*

014vl Abb.: gs

Fluxus-Hauptstadt Vilnius

In der Kunstwelt gilt Vilnius als die heimliche Hauptstadt der Fluxus-Bewegung. Auf jeden Fall stammt einer ihrer wichtigsten Wegbereiter aus Litauen: ***George Mačiūnas*** *wurde 1931 in Kaunas geboren. 1944 flüchteten seine Eltern mit ihm nach* ***Deutschland,*** *wo er in Bad Nauheim zur Schule ging. Zwei Jahre später siedelte die Familie dann nach* ***New York*** *über, wo Mačiūnas* ***Kunst und Design*** *studierte und unter anderem* ***Yoko Ono*** *kennenlernte.*

Anfang der 1960er-Jahre machte er mit anderen durch eine Reihe von ***Happenings*** *von sich reden, Kunstaktionen, die sich* ***gegen alle elitären Kunstformen*** *wandten. Die* ***schöpferische Idee*** *war dabei – ähnlich wie zuvor bei den Dadaisten – das Wichtigste. Mačiūnas nannte diese Form der Kunst, die auf* ***einfache Wiederholbarkeit*** *setzte und auch bei Musikern viel Anklang fand,* ***Fluxus.*** *Für seine ersten Aktionen in Deutschland – die erste 1962 in Wiesbaden – konnte er Musiker wie Karlheinz Stockhausen oder John Cage gewinnen.*

Der 1978 verstorbene Mačiūnas wurde zum wichtigsten Verfechter der neuen Kunst, die mit Videos, Musik, Licht, Geräuschen, Bewegung und verschiedenen Materialien arbeitete. ***Wolf Vostell,*** *der Kriegsspielzeug mit einem Hammer zerschlug, und* ***Joseph Beuys,*** *der mit Filz und Fett arbeitete, wurden in Deutschland zu Aushängeschildern der Bewegung.*

Viele der Artefakte von George Mačiūnas sind in den Museen von Vilnius und Kaunas ausgestellt, als Zeugnis einer der wichtigsten Kunstbewegungen des 20. Jh.

17 Zentrum für zeitgenössische Kunst ★ [K10]

Schräg hinter dem Rathaus findet sich das Zentrum für zeitgenössische Kunst, das auch als „Palast der Kunst" bekannt ist. „Jeder ist Künstler. Aber das wissen nur Künstler!" steht in großen Buchstaben an der Eingangsfront. Das Haus wurde 1968 als Ausstellungspalast zur 50-Jahr-Feier der Oktoberrevolution und Hort für sozialistische Gegenwartskunst gebaut, doch davon ist heute nichts mehr zu sehen. Stattdessen dominieren die ständig wechselnden Ausstellungen: **modernste Videoinstallationen, Multimediashows** und andere **aktuelle Kunstwerke.**

Ein kleiner Teil des Museums ist der **Fluxus-Kunst** gewidmet. Fast hundert Werke dokumentieren Aktionen bekannter Künstler, darunter Arbeiten des bekannten litauischen Fluxus-Pioniers George Mačiūnas.

› **Šiuolaikinio meno centras,** Vokiečių g. 2, Tel. 5 2121945, www.cac.lt, Di.–So. 12–20 Uhr, 3 €

18 St. Kasimirkirche ★★ [L10]

Dem Nationalheiligen Kasimir ist eines der schönsten Gotteshäuser der Stadt gewidmet. Ein barocker Prachtbau, den die Jesuiten 1604 nach dem Vorbild der Kirche „Il Jesu" in Rom errichten ließen – als weithin sichtbares Bollwerk der Gegenreformation im Großfürstentum Litauen.

Nur ein paar Schritte vom Alten Rathaus entfernt ist die erste große **Barockkirche** der Stadt nicht zu übersehen. 40 m hoch ragt ihre **Kuppel** über das mächtige Kirchenschiff. Kein Zweifel, gegenüber dem Rathaus wollten die Jesuiten einst mit diesem Bauwerk ihre eigene Stärke demonstrieren. St. Kasimir sollte aber auch eine würdige Erinnerung an den Nationalheiligen sein, der kurz vor der Grundsteinlegung vom Papst heiliggesprochen worden war.

Das Gotteshaus hat eine **wechselvolle Geschichte:** Napoleons Truppen nutzten es während ihres Russland-Feldzuges als Getreidelager. Während der Zarenzeit wandelte man St. Kasimir 1839 in eine orthodoxe Kirche, die man dem hl. Michael weihte. Wenig später stutzte man ihre Türme und setzte ihr die für orthodoxe Kirchen typischen Zwiebeltürme auf. Während des Ersten Weltkriegs verwandelte die deutsche Armee St. Kasimir in eine evangelische Garnisonskirche, die auch Kaiser Wilhelm II. besuchte. Nach dem Zweiten Weltkrieg hausten Soldaten der Roten Armee in der Kirche und die Militärs nutzten den Platz zwischen den großteils zerstörten Altären als Schnaps- und Weinlager. 1963 richteten die Sowjets im ehemaligen Gotteshaus gar ein „Museum des Atheismus“ ein.

1988 erhielten die Katholiken die Kirche wieder zurück, die 1991 von den **Jesuiten** erneut ihrem Zweck als Gotteshaus zugeführt wurde. Inzwischen glänzen die barocken Altäre wieder und St. Kasimir zeigt sich als eine Perle der Stadt. Einen Blick sollten Besucher unbedingt auf die bei Renovierungsarbeiten in der Krypta entdeckten **Fresken** werfen. Sie sind von ergreifend schlichter Schönheit, ein richtiges Kontrastprogramm zum üppigen Barock in der Kirche darüber.

› **Šv. Kazimiero bažnyčia,** Didžioji g. 34, Tel. 5 2121715, www.kazimiero.lt. Die Kirche ist zu unterschiedlichen Zeiten geöffnet. Die aktuellen Gottesdienstzeiten finden sich auf der Website, ebenso die Termine der kostenlosen Konzerte.

034vl Abb.: gs

⌃ *Die St. Kasimirkirche kündet von der einstigen Macht der Jesuiten*

⑲ Orthodoxe Heilig-Geist-Kirche ★★ [L10]

Die **wichtigste russisch-orthodoxe Kirche Litauens** wurde im 16. Jh. aus Holz gebaut, später durch ein steinernes Gebäude ersetzt und immer wieder baulich verändert, bis sie 1873 ihre noch heute charakteristische **Kuppel** mit dem kleinen Türmchen erhielt. Sehenswerter ist das **Kircheninnere** mit spätbarocken Reliefs und Dekoren, die für eine orthodoxe Kirche recht ungewöhnlich sind.

Blickfang sind aber die **Ikonen** und das **Grab** der drei 1347 zu Tode gefolterten **Märtyrer Antonius, Johannes und Eustachius.** Die gut erhaltenen Leichname sind meist mit Tüchern zugedeckt, zu Weihnachten in Weiß, in der Fastenzeit in Schwarz und an hohen kirchlichen Feiertagen in Rot. Nur einmal jährlich, am 26. Juni, sind sie unverhüllt. Dann pilgern Tausende zur Kirche, werden den Gebeinen an diesem Tag doch besondere Heilkräfte nachgesagt. Freunde orthodoxer Riten und Gesangs sei der Gottesdienst um 17 Uhr empfohlen.

› **Stačiatikių Šv. Dvasios Cerkvė,** Aušros Vartų g. 10, Tel. 5 2127765, www.orthodoxy.lt, tgl. 10–17 Uhr, Gottesdienste: Mo.–Sa. 7 Uhr, So. 7 und 10 Uhr

20 St. Theresienkirche ★ [L10]

Im Frühbarock zeigt sich die Kirche der heiligen Theresa. Ein weit gereister und gebildeter Aristokrat hatte sie einst samt Kloster dem Orden der „Unbeschuhten Karmeliten" gestiftet, einem Mitte des 16. Jahrhunderts in Spanien gegründeten Reformorden. Bauliches Vorbild war die dem gleichen Orden gehörende Kirche „Maria della Scala" in Rom. Und wie dort sparte man auch in Vilnius nicht an der Ausstattung: Für die **Fassade** wurden ausschließlich feinste Materialien wie teurer Sandstein, schwarzer und weißer Marmor und polierter Granit verwendet. Auch den **Innenausbau,** anfangs noch bescheiden, ließen sich die „Unbeschuhten Karmeliten", die ihr Geld mit Bierbrauen und Kerzenziehen verdienten, schließlich etwas kosten. Besonders beeindruckend geriet der **Hauptaltar,** einer der schönsten Litauens. Aufmerksamkeit verdienen auch die **Deckenfresken** mit Szenen aus dem Leben der heiligen Theresa.

› **Šv. Teresės bažnyčia,** Aušros Vartų g. 14, Tel. 5 2123513, www.ausrosvartai.lt, tgl. 7–12 und 16–19.15 Uhr, Gottesdienst: Mo.–Sa. 7.30, 9 und 18.30 Uhr, So. 9.30, 11, 18.30 Uhr

21 Tor der Morgenröte ★★★ [L10]

Das letzte noch erhaltene Stadttor ist heute eine der wichtigsten Sehenswürdigkeiten in Vilnius. Anfang des 16. Jahrhunderts erbaut, sollte es die Stadt nach Süden abschotten. Dass es nicht wie die übrigen Stadttore bei der Stadterweiterung abgerissen wurde, verdankt es einem kleinen Madonnenbild, dessen Kopien in ganz Europa hängen.

1514 fand das Tor der Morgenröte, das auch als „Spitzes Tor" bekannt ist, als eines von vielen Stadttoren erstmals Erwähnung. Sein heutiger Name, den ihm vermutlich Journalisten auf der Suche nach einem passenden Etikett verpassten, verweist darauf, dass das Tor **Richtung Morgensonne ausgerichtet** ist.

Anfang des 17. Jh. entstand unmittelbar neben dem Tor ein **Kloster,** das von 1652 an ein **Gnadenbild** beherbergte. Wenige Jahre später baute man der Madonna zu Ehren am Stadttor eine kleine **Holzkapelle,** die später durch einen **steinernen Aufbau** ersetzt und immer wieder umgebaut oder restauriert wurde. Zahlreiche Stufen führen heute zur spätklassizistischen Marienkapelle. Traditionsbewusste Pilger legen den Weg über die Treppenstufen nach oben noch immer **auf den Knien** zurück.

Im kleinen Souvenirladen gibt es Ikonen und Devotionalien zu kaufen – und natürlich Kopien des **wundertätigen Marienbildes.** Es zeigt die Muttergottes: zart und anmutig, den Kopf geneigt, die Hände auf der Brust gekreuzt, die Augen halb geschlossen. Der Schöpfer des Bildes ist bis heute unbekannt, es soll aber nach dem Vorbild eines Bildes

des Niederländers Martin de Vos gemalt worden sein. Das 165 cm breite, 200 cm hohe und vermutlich um das Jahr 1630 entstandene Marienbild wurde ursprünglich in Tempera ausgeführt und später immer wieder einmal überpinselt. Es ist auf dicke Eichenholzplatten gemalt und von einem Rahmen aus vergoldetem Silberblech und Edelsteinapplikationen umgeben. Der silberne Halbmond am unteren Bildrand ist eine Votivgabe aus der Mitte des 19. Jh. Auf dem Kopf trägt die Muttergottes zwei kostbare Silberkronen, die ihr einst der Papst geschenkt haben soll.

Seit Mitte des 17. Jahrhunderts gilt das Bild der **„Heiligen Jungfrau Maria, Mutter der Barmherzigkeit"** – so lautet der offizielle Name – als wundertätig. Davon zeugen auch die zahllosen **Votivgaben** in der Kapelle, die Geheilte und Getröstete gespendet haben. Katholiken verehren das Marienbild übrigens genauso wie griechisch- oder russisch-orthodoxe Christen. Ein Umstand, der die Sowjets davon abhielt, während ihrer Regierungszeit die Kapelle, wie andere Kirchen auch, zu schließen. Das Bild ist aber auch Ausdruck der tiefen Marienfrömmigkeit in Litauen – und damit auch Anlaufstation bei jedem Papstbesuch, wie zuletzt im Herbst 2018.

› **Aušros Vartai,** Aušros Vartų g. 12, Tel. 5 2123513, www.ausrosvartai.lt, tgl. 6–19 Uhr, Gottesdienste: mehrmals täglich meist in polnischer Sprache

035vl Abb.: gs

Das Bild der „Heiligen Jungfrau Maria, Mutter der Barmherzigkeit" gilt als wundertätig und lockt jährlich Hunderttausende von Pilgern an

22 Artilleriebastion Bastei ★ [L10]

Südöstlich des Stadtzentrums findet sich die Bastei *(Bastėja),* eine im 17. Jh. hinter der ehemaligen Stadtmauer errichtete **Schutzanlage.** Sie sollte feindliche Angriffe auf die Stadt mit Artilleriefeuer abwehren. Im Laufe der Jahre allerdings verlor die Renaissancefestung ihre Bedeutung, die umliegenden Schutzgräben wurden zugeschüttet, die Mauern geschliffen, das Gelände zur Mülldeponie erklärt. Erst 1966 besann sich Vilnius seiner Geschichte und begann mit der Restaurierung der Bastei. Ende der 1980er-Jahre richtete man in der ehemaligen Festung ein kleines **Museum** ein, in dem unter anderem Ritterrüstungen und Kanonen gezeigt werden.

› **Gynbinės sienos bastėja,** Bokšto g. 20/ Subačiaus g. 18, Tel. 5 2612149, www.lnm.lt, Di.–So. 10–18 Uhr, 4 €, Audioguide 3 €

㉓ Kirche der Jungfräulichen Muttergottes ★ [L9]

Zwischen Altstadt und dem Szeneviertel Užupis findet sich eine der größten **orthodoxen Kirchen** des Landes. Ihre baulichen Wurzeln reichen bis ins 15. Jahrhundert zurück. Im Lauf der Jahre wechselte die Kirche mehrmals ihre Eigentümer. So gelangte sie vor rund zweihundert Jahren in die Zuständigkeit der **Universität**, die dort unter anderem eine Bibliothek, Hörsäle und die Anatomieabteilung der Mediziner einrichtete. Sein heutiges Aussehen erhielt das mächtige Gotteshaus Mitte des 19. Jahrhunderts nach einem großflächigen Umbau. Damals auch wurde es an die orthodoxe Kirche zurückgegeben, die es bis heute als **Gotteshaus** nutzt.

Die unteren **Außenmauern** stammen zum Teil noch aus der Gotik, der Rest meist aus dem 19. Jh. **Kuppel** und **Fassade** sind der georgischen Architektur verpflichtet. Das Kircheninnere ist wenig spektakulär. Einzig bemerkenswert ist ein Muttergottesbild, das der russische Zar Alexander II. anno 1870 der Gemeinde schenkte.

› **Škaisčiausios Dievo Motinos Cerkvė,** Maironio g. 14, Tel. 5 2153747, www.orthodoxy.lt, tgl. 10–12.15 Uhr u. 13.15–17 Uhr, Gottesdienst: Sa. 9 und 16 Uhr, So. 9 Uhr

Die „schräge" Verfassung von Užupis (Auszug)

- *Jeder Mensch hat das Recht, beim Fluss Vilnia zu leben, und der Fluss Vilnia hat das Recht, an jedem vorbeizufließen.*
- *Jeder Mensch hat das Recht auf heißes Wasser, Heizung im Winter und ein gedecktes Dach.*
- *Jeder Mensch hat das Recht, Fehler zu machen.*
- *Jeder Mensch hat das Recht, einzigartig zu sein.*
- *Jeder Mensch hat das Recht zu lieben.*
- *Jeder Mensch hat das Recht, gewöhnlich und unbekannt zu sein.*
- *Jeder Mensch hat das Recht, faul zu sein.*
- *Jeder Mensch hat das Recht, glücklich zu sein.*
- *Jeder Mensch hat das Recht, unglücklich zu sein.*
- *Jeder Mensch hat das Recht, still zu sein.*
- *Jeder Mensch hat das Recht zu vertrauen.*
- *Niemand hat das Recht, Gewalt anzuwenden.*
- *Jeder Mensch hat das Recht, für seine Unbedeutsamkeit dankbar zu sein.*
- *Jeder Mensch hat das Recht zu jeder Nationalität.*
- *Jeder Mensch kann teilen, was er besitzt.*
- *Niemand kann teilen, was er nicht besitzt.*
- *Jeder Mensch kann unabhängig sein.*
- *Jeder Mensch ist für seine Freiheit verantwortlich.*
- *Niemand hat das Recht, jemand anderem die Schuld zu geben.*
- *Jeder hat das Recht, individuell zu sein.*
- *Lass dich nicht unterkriegen!*
- *Schlag nicht zurück!*
- *Gib nicht auf!*

24 Užupis ★★★ [M9]

Am östlichen Rand der Altstadt liegt der Stadtteil Užupis, der manche an das Pariser Künstlerviertel Montmartre erinnert. Auch wenn dieser Vergleich weit übertrieben ist, Užupis mit seinen Cafés, Restaurants und Galerien ist immer eine Stippvisite wert. Schließlich haben die Bewohner ihr Viertel längst zu einer selbstständigen Narrenrepublik ausgerufen – mit eigener Verfassung (s. S. 38) und Flagge, einer Nationalhymne und einem Präsidenten.

Užupis heißt übersetzt „jenseits des Flusses". Diese Bezeichnung verweist auf die Lage des Stadtteils am **rechten Ufer der Vilnia.** Das Viertel entstand bereits im 15. Jahrhundert. Anfangs waren hier meist arme Leute zu Hause, doch mit den ersten Brücken über den Fluss siedelten sich auch Handwerker an und die Vorstadt rückte näher ans Zentrum. Im Lauf der Zeit entdeckten orthodoxe Juden den Stadtteil. In der **Sowjetzeit** verkam er allerdings immer mehr, viele Häuser zerfielen. Wohnungslose und Kriminelle fanden in den verwahrlosten Anlagen Unterschlupf.

In den 1990er-Jahren schließlich entdeckten **Künstler** und **Bohemiens** das alte Viertel neu. Aber auch **Spaßvögel**, die gern feierten, zogen her. Menschen, die Musiker wie Frank Zappa schätzten und ihm sogar ein Denkmal setzten (allerdings außerhalb Užupis, in der K. Kalinausko gatvė 1 [J8]). Ihr Sinn für Skurriles, gepaart mit großem Gemeinschaftsgeist, manifestierte sich 1997 in der Ausrufung der **Republik Užupis**, einer Art **Narrenstaat** mit eigener Verfassung und Flagge. Parlamentssitz ist das Café Užupis Kavine (Užupio gatvė 2). Am Anfang der Paupio gatvė

038vl Abb.: gs

Hier ist alles ein wenig anders – eine Künstlerkneipe in Užupis

104vl Abb.: gs

Wandbemalung im Viertel der Künstler und Bohemiens

039vl Abb.: gs

Ein großes Schild markiert den Eingang zur Künstlerrepublik

kann man die **Verfassung** auf einer Bronzetafel gleich in mehreren Sprachen, auch auf Deutsch, an einer Wand nachlesen. Und wie es einer närrischen Republik geziemt, feiert man am 1. April jeden Jahres mit Umzügen und Konzerten seine **Unabhängigkeit.**

Wahrzeichen des Viertels ist ein riesiges Denkmal mit einem Trompete spielenden Engel. Deshalb wird Užupis gerne auch **„Engelsrepublik"** genannt.

Vor allem im Sommer und abends finden viele Bummler den Weg in eines der Restaurants und Cafés des Viertels. Dabei überqueren sie in der Regel **Brücken,** deren eiserne Gitter viele Hundert **Schlösser** zieren. Der kleine Fluss, dem Vilnius vermutlich seinen Namen verdankt, trennt die Altstadt von dem Künstlerviertel, das donnerstags sogar mit einem kleinen **Biomarkt** (10–14 Uhr) aufwartet. Am Ufer findet sich eine kleine **Bronzenixe.** „Jungfrau von Užupis" hat sie der Volksmund getauft und ihr nachgesagt, dass jeder, der ihrem Zauber nicht widerstehen könne, für immer in Užupis bleiben müsse.

25 Gedimino-Boulevard ★★ [J7]

Der Gedimino-Boulevard ist die längste Einkaufsstraße in Vilnius. Eine breite, großstädtische Flaniermeile mit eleganten Geschäften, Shoppingcentern, Banken, einem Museum, Hotels und Behördenbauten. Es gibt einladende Cafés und Hausbrauereien, auf deren Terrassen man den Sommer genießen kann, und ein paar kleine grüne Parkanlagen. Abends ist die Straße großteils für den Verkehr gesperrt, sodass man sorglos bummeln kann.

Schnurgerade führt der **Prachtboulevard** über mehr als einen Kilometer vom Kathedralenplatz im Osten bis zum litauischen Parlament am Ufer der Neris ganz im Westen. Mit seinem Bau wurde 1836 begonnen und seit damals trug er immer wieder neue Namen, je nachdem, wer gerade regierte. Zuerst war die breite Straße nach dem heiligen Georg benannt, dann unter anderem nach dem polnischen Dichter Adam Mickiewicz, später nach Stalin und Lenin. Seit 1989 heißt sie wieder Gedimino-Boulevard, nach dem Stadtgründer.

Zu den beachtenswerten Gebäuden entlang der Straße gehören unter anderem das **Schauspielhaus des Nationaltheaters Litauen** (s. S. 62) mit der Plastik der „Drei Musen", einem gern fotografierten Kunstobjekt. Die Arbeit des Bildhauers Stanislovas Kuzma krönt den Haupteingang und zeigt drei der neun olympischen Musen: Melpomene – die Singende – steht für die Tragödie, Thalia – die Festliche – für die Komödie und Kalliope für die epische Dichtkunst. Als Trio verweisen sie so auf die Genrevielfalt des Theaters.

Für eine kurze Pause an warmen Tagen empfiehlt sich der **Lukiškių-Park,** hinter dem sich Litauens höchstes einschiffiges Gotteshaus, die **Kirche St. Philipp und Jakob** erhebt. Inzwischen ist dort auch das größte Glockenspiel des Baltikums zu Hause, das täglich um 12.57 und 19.30 erklingt. Hinter der Postanschrift Gedimino pr. 40 verbirgt sich heute eines der emotionalsten Museen der Stadt: das **Museum der Genozidopfer** 26, im Volksmund als KGB-Museum bekannt.

Der heilige Christophorus ziert das Stadtwappen von Vilnius

Am Ende des Prachtboulevards findet sich das **litauische Parlament** (Gedimino pr. 53), ein nüchterner Zweckbau. Im März 1990 – noch unter sowjetischer Herrschaft – wurde hier die Wiederherstellung des unabhängigen litauischen Staates verkündet. Ein knappes Jahr später rückte das Parlament erneut in den Blickpunkt der Weltöffentlichkeit, als sich Hunderte von Menschen hinter Stacheldraht und Mauerteilen vor dem Regierungsgebäude verschanzten, um so die Besetzung des Parlaments durch die Sowjettruppen zu verhindern. Einige der Barrikaden von damals hat man als Mahnung an die Nachwelt vor einer kleinen **Gedenkstätte** aufgestellt.

› **Gedimino prospektas**
› Das Parlament kann mit einer Tageskarte, die die Verwaltung bei Vorlage eines gültigen Personalausweises oder Passes ausstellt und sichtbar getragen werden muss, besucht werden. Geführte Touren gibt es jeden Werktag zwischen 9 und 17 Uhr (Fr. bis 15.45 Uhr), Voranmeldung unter Tel. 52396206 oder rsv@lrs.lt, weitere Infos unter www.lrs.lt.

26 Museum der Opfer des Genozids ★★★ [J7]

Mitten auf dem Prachtboulevard der Stadt hausten einst Nazis und sowjetische Geheimdienstler. Hunderte von Menschen wurden hier stundenlang verhört, gequält oder gar zu Tode gefoltert. In engen Zellen wurden Menschen wie Vieh gehalten, in anderen Räumen die planmäßige Vernichtung Tausender von Juden generalstabsmäßig geplant. Heute zählt das „Haus des Schreckens“ als Museum der Genozidopfer zu den meist besuchten Museen der Stadt.

Christophorus – der Stadtpatron von Vilnius

Der heilige Christophorus findet sich auf ***Hauswänden, Briefköpfen, Gullydeckeln*** *und sogar den* ***Uniformen*** *vieler städtischer Bediensteter. In der Regel wird er als* ***Hüne mit dem Christuskind auf den Schultern*** *dargestellt, in der Hand einen großen Stab. Christophorus ist ein Heiliger, der in der* ***West- und Ostkirche*** *Verehrung genießt, was ihn in Vilnius für die Rolle des* ***Stadtpatrons*** *prädestinierte. Eine Legende besagt, dass er den jungen Jesus einst durch die tiefe Furt eines Flusses getragen habe, daher wird er oft auch „Christusträger“ genannt. Eine besonders große Christophorus-Darstellung findet sich auf einem Haus am Ende des Gedimino-Boulevards 25 gegenüber dem Nationalparlament.*

033vl Abb.: gs

Am besten beginnt man seinen Besuch im Keller, wo man schnell einen Eindruck von den Gräuel der Vergangenheit erhält. Originalgetreu hat man dort die **Verhörzellen** eingerichtet, möbliert wie einst, als der **KGB** hier wütete. Der russische Geheimdienst hätte seine Gräueltaten am liebsten verschleiert, wie Säcke mit geschredderten Geheimakten beweisen, die nach dem Abzug der Sowjets zurückgelassen wurden und heute in einer der alten Zellen stehen.

1944 waren die Sowjets in das ehemalige Gerichtsgebäude eingezogen, in dem von 1941 bis 1944 die **Gestapo** ihr Hauptquartier gehabt hatte. Die Unmenschlichkeit blieb die gleiche. Mit brutaler Gewalt wurden weiter politische Gefangene gefoltert und verhört. Bis zu 20 Menschen waren zeitweise in den winzigen Räumen zusammengepfercht, wo sie barfuß auf hartem Zementboden die Nächte verbringen mussten. 5 Stunden Schlaf waren maximal erlaubt. Am Tag gab es häufig nur 300 Gramm Brot und einen halben Liter warmes Wasser als Verpflegung. Zeitweise betrieben die Sowjets eine spezielle **Folterkammer**, in der die Gefangenen auf schmalen Pfosten stehen mussten. Verloren sie das Gleichgewicht, stürzten sie in eiskaltes Wasser. Auch einen **Erschießungskeller** gab es. Mit einer speziellen Holzwand, die dafür sorgte, dass Querschläger dem Schützen nicht gefährlich werden konnten.

Ein wenig humaner wurde die Behandlung politischer Gefangener erst in den 1960er-Jahren, als unter dem Druck internationaler Menschenrechtsorganisationen zumindest Betten in die Zellen gestellt wurden und sich die Beschuldigten nächtens mit Leintüchern zudecken durften.

Bis 1987 wurden in dem Haus am Gedimino-Boulevard Menschen verhört und gefangen gehalten. Davon zeugen im Museum bis heute Handschellen und andere Utensilien aus der Zeit des **Kalten Krieges**, als sich Ost und West bis an die Zähne bewaffnet gegenüberstanden. Alte Dienstvorschriften, die in neuen Glasvitrinen liegen, berichten, wie sich die Geheimdienstler bei ungenehmigten Volksversammlungen zu verhalten hatten. Sogar den Arbeitsplatz eines KGB-Agenten hat man detailgenau rekonstruiert. Kopfhörer, Schreibmaschine und Diktiergerät erinnern an die Zeiten, als keiner dem anderen traute.

Einen Stock höher verweist das Museum auf **Deportation** und **Judenvernichtung**, auf Zwangsarbeit und Verschleppung. Originale Kleidungsstücke erzählen von Menschen, die ihr Leben verloren haben. So mussten während der **Naziherrschaft** in Litauen 240.000 Menschen sterben, davon 200.000 Juden. 60.000 Menschen wurden als Zwangsarbeiter ins Hitler-Reich verschleppt. Während der Sowjetzeit mussten 20.000 bis 25.000 Menschen ihr Leben lassen, rund 130.000 wurden deportiert. Nüchterne Zahlen, hinter denen sich individuelle Schicksale verbergen.

› **Genocido aukų muziejus,** Aukų g. 2a, www.genocid.lt, Tel. 5 2498156, Mi.–Sa. 10–18, So. 10–17 Uhr, 4 €, Fotoerlaubnis 2 € (Filmen verboten), Audioguide in englischer Sprache 3 €

☒ Blick vom Burgberg: Die Neris trennt die Altstadt von der Neustadt mit ihren Hochhäusern und Bankpalästen

040vl Abb.: gs

27 Neustadt ★ [J6]

Über die **Grüne Brücke** am nördlichen Ende der Vilniaus gatvė kommt man in die Neustadt. Sie ist die älteste Brücke der Stadt und wurde 1536 als **gedeckte Holzbrücke mit Ladengeschäften** auf steinernen Pfeilern geschaffen. 1739 erhielt sie ihren bis heute namensgebenden grünen Anstrich. Im Lauf ihrer Geschichte wurde sie immer wieder zerstört – und aufgebaut.

Stadtauswärts führt hinter der Brücke und vorbei an einer dem Erzengel Raphael geweihten Kirche eine Straße zum **Europaplatz** [J6], dem modernen Zentrum der Stadt. Entlang des Konstitucijos-Boulevards stehen die höchsten **Wolkenkratzer** Litauens, bis zu 146 m hohe Bauten aus Stahl und Glas. Auch das neue Rathaus hat dort gegenüber einem riesigen Einkaufszentrum Platz gefunden. Mit dem **Europa** (s. S. 63) verfügt Vilnius über eine der größten Ladengalerien des Baltikums, einen mehrstöckigen Konsumtempel.

Zwischen Europaplatz und Nerisufer ist auch das **Radisson Blu Hotel Lietuva** (s. S. 123) nicht zu übersehen. Seine **Sky Bar** im 22. Stock (tgl. ab 17 Uhr) bietet einen der schönsten Blicke über die Stadt. An der Rückseite des Hotelriesen hat eine Großbank einen Park angelegt, der ebenfalls einen schönen Blick auf die Altstadt gewährt – vor allem bei Sonnenuntergang.

Ein Stück weiter ist die **Nationale Kunstgalerie** (s. S. 52) zu Hause. Ein Museumsbau, der die wichtigsten Werke litauischer Kunst aus den letzten beiden Jahrhunderten beherbergt. Am Flussufer selbst treffen sich die Einheimischen im Sommer zu Spiel und Sport – und immer häufiger auch, um zu feiern. Schließlich sind in der Neustadt mehr als 20.000 Menschen zu Hause.

› **Naujamiestis**

28 Litauisches Energie- und Technikmuseum ★ [L7]

Eine Dame weist den Weg zum **Litauischen Energiemuseum.** Weithin sichtbar steht sie auf dem Dach des alten Kraftwerks gleich hinter der Mindaugo-Brücke. Jahrzehnte wurde hier Strom erzeugt, heute sind die alten Turbinen und Kraftwerksanlagen museumsreif, ein Paradies für Technikfreunde. Alte Nähmaschinen, Staubsauger, Druckmaschinen und Fernsehapparate erzählen **Energiegeschichte.** Filme rücken altes Handwerk ins Rampenlicht, von der Glasbläserei bis zur Papierherstellung. Und auch die Solarenergie hat es längst ins Museum geschafft.

Blickfang des kleinen Museums aber sind die alten **Motor- und Fahrräder** sowie eine kleine Halle voller **Oldtimer** mit Holzlenkrädern und feinsten Ledersitzen. Veteran ist ein Ford aus dem Jahr 1915, dessen 4 Zylinder einst 70 km Höchstgeschwindigkeit garantierten. Mit dem schwarz-roten Studebacker Big Six reisten die vornehmen Herrschaften in den frühen 1920er-Jahren. Ein Augenschmaus ist der Lancia Astura Piniafarina Tipo 233 longo, mit dem man ein Jahrzehnt später unterwegs war – eine italienische Edelkarosse, deren acht Zylinder für Tempo 130 km/h sorgten. 15 l Benzin schluckte der Wagen auf 100 km, ein Liter weniger als der 6-Zylinder Mercedes Benz 230 aus dem Jahr 1939, der es damals auf 112 km/h Höchstgeschwindigkeit brachte. Richtig sparsam waren dagegen die ersten VW Käfer. Sie brauchten nur noch die Hälfte des Kraftstoffs, begnügten sich dafür aber mit 80 km Höchstgeschwindigkeit.

108vl Abb.: gs

› **Lietuvos Energetikos ir Technikos Muziejus,** Rinktinės g. 2, Tel. 5 2754312, www.etm.lt, Di.–Sa. 10–18.30 Uhr, 4 €

Entdeckungen im Umland

29 Fernsehturm ★ [B7]

Das höchste Gebäude und eines der **Wahrzeichen** der Stadt ist eigentlich nur bei **gutem Wetter** einen Besuch wert. Mit gut 326 m ist der 1980 errichtete Fernsehturm höher als der Eiffelturm, in 165 m Höhe befinden sich eine Aussichtsplattform und das Café-Restaurant Paukščių Takas (Milchstraße). Hier hat man die angenehmste Möglichkeit, Vilnius und Umgebung **aus der Vogelperspektive** zu sehen.

Im Januar 1991 rückte der Fernsehturm ins Blickfeld der Weltöffentlichkeit, als russische Truppen **gewaltsam** gegen mehrere Tausend Menschen vor dem wichtigsten Sendemast im Land vorgingen, die sich dort zu einer **Unabhängigkeitsdemonstration** zusammengefunden hatten.

› **Televizijos Bokštas,** Sausio g. 13/Osios g. 10, Tel. 5 2525333, www.tvbokstas.lt, So.–Do. 11–21, Fr./Sa. 11–22 Uhr, 7–9 € (Kinder 4 €), Anreise: Trolleybus Nr. 19

Blutsonntag – der Kampf um den Fernsehturm

Mit wirtschaftlichen Sanktionen und unverhüllten Drohungen versuchte die Sowjetunion einst, Litauen zur Rücknahme der im März 1990 ausgerufenen nationalen Unabhängigkeit zu bewegen.

Am 10. Januar 1991 forderte der Generalsekretär des Zentralkomitees der Kommunistischen Partei der Sowjetunion, Michail Gorbatschow, deshalb das kommissarische Staatsoberhaupt Litauens, Vytautas Landsbergis, auf, die sowjetische Verfassung anzuerkennen und auf die Unabhängigkeit des kleinen Landes zu verzichten. Doch die Balten beugten sich dem Moskauer Ultimatum nicht.

Zwei Tage später begannen sowjetische Truppen deshalb in Vilnius mit der Besetzung strategisch wichtiger Gebäude. Vergeblich versuchte Landsbergis, die Sowjetunion von blutigen Auseinandersetzungen abzuhalten. Aus ganz Litauen waren die Menschen nämlich inzwischen in die Hauptstadt geeilt, um ihre wichtigsten Gebäude wie Radio- und Fernsehstudios zu schützen, darunter auch den Fernsehturm ㉙ am Stadtrand. Am 13. Januar 1991 versuchten sowjetische Panzer kurz nach Mitternacht den Turm einzunehmen. Ungebremst rasten schwere Kettenfahrzeuge in die Menge, Schüsse fielen. 14 Menschen kamen in dieser Nacht ums Leben, mehr als eintausend Personen wurden verletzt.

Gegen halb drei Uhr stürmten die Sowjets schließlich auch das Fernsehstudio und beendeten das Programm. Nur eine halbe Stunde später aber sendete das litauische Fernsehen aus Kaunas weiter, wo sich nach der Aufforderung eines Fernsehtechnikers innerhalb kürzester Zeit einige Universitätsdozenten eingefunden hatten, um die Nachricht von der Bluttat in Vilnius weltweit zu verbreiten und zum weiteren Widerstand gegen die Sowjetunion aufzurufen. Am nächsten Morgen standen in Vilnius mehr als 50.000 Menschen, die um ihr Parlament Barrikaden errichtet hatten, den anrückenden sowjetischen Truppen gegenüber. Angesichts der Massen der Protestierenden rückten diese aber schließlich doch ab. Schon bald darauf sprachen sich über neunzig Prozent der Litauer bei einer Wahlbeteiligung von über 85 Prozent in einem Referendum für die Unabhängigkeit des kleinen baltischen Landes aus, dessen Souveränität bald auch auf internationaler Bühne von anderen Staaten anerkannt wurde

Als Blutsonntag ist der 13. Januar 1991 heute im Gedächtnis der Litauer festgeschrieben. Denkmäler und Gedenkstätten erinnern an die Opfer, Straßen und Plätze sind nach ihnen benannt. Und auch die Barrikaden vor dem Parlament zeugen noch immer von den blutigen Auseinandersetzungen jener Tage, während die Toten auf dem Friedhof Antakalnis ihre letzte Ruhe gefunden haben. Ihre Gräber werden noch immer gern besucht, gelten die Verstorbenen doch inzwischen als Helden des Freiheitskampfes.

*★2 **Antakalnis Friedhof,***
Karių kapų g. 11

◁ Oldtimer im Energie- und Technikmuseum

30 Genozid-Gedenkstätte Paneriai ★

Fast 10 km südwestlich des Stadtzentrums liegt das kleine Haus, neben dem in den Jahren 1941 bis 1944 viele Zehntausend Menschen, vor allem Juden, von den Nationalsozialisten und ihren litauischen Schergen umgebracht wurden. An sie erinnern eine Ausstellung mit persönlichen Gegenständen und zwei Denkmäler. Das Haus ist eine Außenstelle des Staatlichen Jüdischen Museums.

› **Panierių Memorialinis Muziejus,** Agrastų g. 15, www.jmuseum.lt, Tel. 69990384, April–Okt. Di.–So. 9–17 Uhr, sonst Einlass nur nach Voranmeldung, Eintritt frei. Anreise: Zug Richtung Trakai oder Kaunas bis zur 1. Haltestelle („Paneriai"). Von dort ca. 1 km Fußweg an der Trasse entlang. Mit dem Auto auf der Savanorių gatvė Richtung Kaunas bis zur Autobahn E28. Von dort der Ausschilderung folgen!

31 Geografischer Mittelpunkt Europas und Europapark ★

Genau 26 km nördlich der Stadt wollen französische Wissenschaftler den geografischen Mittelpunkt Europas ausgemacht haben. Eine **Granitsäule** markiert den Punkt bei 54° 54' nördlicher Breite und 25° 19' östlicher Länge auf dem Burgberg Bernotai. Genau hier – unweit des Dörfchens **Purnuškės** – sollen sich die beiden Linien von Gibraltar zum Ural und von Kreta zum Nordkap kreuzen. Inzwischen haben **andere Berechnungen** den Mittelpunkt Europas ein paar Kilometer näher an Vilnius gerückt!

Ebenfalls dem Mittelpunkt Europas ist ein **Skulpturenpark** vor den Toren der Stadt gewidmet. Auf einer Fläche von 55 Hektar sind inzwischen **mehr als 100 bildhauerische Werke** ausgestellt, große und kleine Kunstwerke von mehr oder minder bekannten Künstlern aus über 34 Nationen. Vor allem im Sommer ist der Park ein populäres Ausflugsziel.

Ganz in seiner Nähe befindet sich ein kleines **Wassermühlen-Museum** (www.liubavas.lt), das von Mitte April bis Mitte Oktober an Wochenenden 10–18 Uhr geöffnet ist – ein technisches Zeugnis vergangener Zeiten.

› **Europos parkas (Europapark),** Joneikiškiu k., Vilnius raj. (19 km nördlich von Vilnius), Tel. 5 2377077, www.europosparkas.lt, tgl. 10 Uhr bis 2 Std. vor Sonnenuntergang, 9 €, mit kleinem Lokal. Anreise: Per Auto von Vilnius über die Kalvarijų gatvė bis zum Kreisel an der Santariskių gatvė, dort Richtung Žalieji Ežerai und dann den Schildern „Europos Parkas" folgen. Oder mit dem Bus von der Haltestelle Zalgirio in der Kalvarijų gatvė stadtauswärts zum Europapark. Fahrtzeit ca. 25 Min.

32 Kulturreservat Kernavė ★★

Litauens Troja nennt der Volksmund die fünf Burghügel vor den Toren der Stadt. Sie sind mit die ältesten Siedlungsplätze des Landes und gehören zum UNESCO-Weltkulturerbe. Ein Museum präsentiert die archäologischen Zeugen der Vergangenheit, die hier gefunden wurden.

In alten Chroniken findet Kernavė in der zweiten Hälfte des 13. Jahrhunderts als Hauptstadt des Fürstentums Litauen Erwähnung. Berühmt ist der 40 km nordwestlich der litauischen Hauptstadt gelegene Ort für seine **Burghügel,** die während der Eiszeit entstanden und auf denen später Litauens erste Fürsten residierten.

Von den alten Burgen ist heute nichts mehr zu sehen, allerdings eröffnet sich von den Hügeln, die durch

Wanderwege miteinander verbunden sind, immer wieder ein **schöner Ausblick** ins Tal und auf den Fluss Neris. Das riesige Reservat ist frei zugänglich. Ein Museum zeigt die schönsten der circa 20.000 bei verschiedenen Ausgrabungen gefundenen Stücke – darunter einmaligen Silberschmuck.

› **Valstybinis Kernavės Kulturinis Rezervatas,** Kerniaus g. 4a, Tel. 38247385, www.kernave.org, Nov.-März Di.-Sa. 10-16, April-Okt. Mi.-So. 10-18 Uhr, 2 €. Der Open-Air-Bereich ist im Winter geschlossen. Anreise mit dem Bus ab Busbahnhof Vilnius Bahnsteig 10 oder 11.

33 Burg Trakai ★★★

Trakai und seine Burg, die sich als Bild auf vielen Buchtiteln und Broschüren findet, ist eines der touristischen Aushängeschilder des Landes. Ein schöner Ausflug auch für alle Vilnius-Reisende, liegt Osteuropas einzig erhaltene Wasserburg doch sozusagen vor der Haustür der litauischen Landeshauptstadt. Mehrmals täglich bringen Busse oder Bahnen den Besucher aus Vilnius in einer guten halben Stunde in das Städtchen.

Schon im frühen Mittelalter war Trakai eines der wichtigsten politischen Zentren und Sitz der litauischen Großfürsten. Einer von ihnen errichtete Mitte des 14. Jh. zum Schutz gegen die Angriffe der Deutschordensritter eine erste Burg auf der Halbinsel, die heute das Städtchen beherbergt. Wenig später war auch die Burg auf der **Insel im Galve-See** fertig, die Moskowiter Truppen 1655 allerdings zerstörten. Erst im 19. Jh., mit dem Erwachen eines neuen Nationalbewusstseins, begannen Historiker, sich wieder für die alten Ruinen zu interessieren. Vor allem auch, weil Trakai als Symbol des erfolgreichen Widerstandes gegen die Ordensritter galt. Aber erst ab den 1950er-Jahren wurde die alte Burg nach und nach **wieder aufgebaut.**

Trakai lebt heute hauptsächlich vom **Tourismus.** Neben den Resten der alten Halbinselburg ist auch die **katholische Kirche** sehenswert, eine der ältesten Litauens. Ursprünglich gotisch wurde sie im 17. und 18. Jh. barockisiert. Blickfang im Inneren ist ein vermutlich in Konstantinopel gemaltes, **mittelalterliches Marienbild.**

Beim Stadtbummel fallen die vielen kleinen, **meist bunten Holzhäuser** auf. Sie werden zum Teil noch heute von **Karäern** bewohnt, einem aus einer jüdischen Sekte hervorgegangenen strenggläubigen Volksstamm, der nur die Regeln des Alten Testaments

070vl Abb.: gs

069vl Abb.: gs

EXTRATIPP

Luxus am See

Nur ein paar Autominuten vor den Toren Trakais liegt ein Luxusresort: 11 ha Wald mit großem See und kleinem Strand. Man wohnt in Holzhäusern, die modern ausgestattet sind. Dazu gehören etwa geheizte Toilettensitze und andere Annehmlichkeiten wie ein Schwimmbad samt Wellness-Räumen und verschiedene Saunen. Tennisplätze, Ruderboote und Bowlingbahnen locken die Sportlichen. Für den Rest ist totale Ruhe garantiert – die Hauptstadt Vilnius ist gut 39 Kilometer entfernt. Auf Wunsch wird man in Vilnius abgeholt!

●3 **IDW Esperanza Resort** €€€€, Kozelkiskiu village (an der E28 Vilnius–Marijampolė), Tel. 8 69878378, www.idwesperanzaresort.com

akzeptiert. Die ersten Karäer wurden 1397 von Großfürst Vytautas angesiedelt. Gut sechzig von ihnen leben noch heute hier. Im **Restaurant Kybynlar** (www.kybynlar.lt) in der Karaimų gatvė 29 werden traditionelle karäische Speisen nach jahrhundertealten Familienrezepten aufgetischt – unter anderem Kybyn (gebackene Pastete mit Hammel- oder Rindfleisch). Aus dem Leben der Karäer erzählt auch eine interessante Dauerausstellung im **Museum der Karäer** (Karaimų g. 22, Mi.–So. 9–17 Uhr, 2 €).

Die meisten Besucher zieht es freilich schnell zum **See**, der in strengen Wintern zugefroren ist. Im Sommer lädt er zu Dampferreisen, Tretboot- oder Ruderfahrten. Von Mai bis Oktober überquert ihn die **SKAISTES**, ein Ausflugsschiff, das tägl. zwischen 10.30 und 18.30 Uhr zu einer knapp einstündigen Rundfahrt startet (12 €, Kinder 6 €, mehr unter: www.barta.lt). Von Mai bis Oktober ist auch ein anderer Anbieter (https://baltis.lt) unterwegs (kürzer und günstiger). Ein schöner Pfad führt zur **Burg**, die sich wie ein Gemälde in die Bilderbuchlandschaft fügt. Grüner Wald und blaues Wasser bilden den Kontrast zur mächtigen roten Burg, die man durch den quadratischen Torturm betritt. Heute ist im westlichen Trakt ein Teil des **Historisches Museums** untergebracht. Der andere Teil findet sich in der von einem tiefen Graben umgebenen Hauptburg. Das Museum illustriert die Geschichte der Burg und des Litauischen Staates. Im ersten Stock findet sich der sogenannte **Thronsaal** mit sehenswertem Sterngewölbe.

› **Museum Burg Trakai**, Tel. 5 2853946, www.trakaimuziejus.lt, Mai–September tgl. 10–19, März, April, Oktober Di.–So. 10–18 Uhr, Nov.–Feb. Di.–So. 9–17 Uhr, 8 €, Fotografieerlaubnisschein 1,50 €, deutschsprachige Führung: 18 €

ⓘ4 **Touristeninformationszentrum Trakai**, Karaimų g. 41, Tel. 5 2851934, www.trakai-visit.lt, Mai–Sept. tägl. 9–18, Okt.–April Mo.–Fr. 8–17, Sa./So. 10–17 Uhr. Geführte Touren durch Stadt und Burg auf Anfrage.

EXTRATIPP

Vilnius City Tour bietet täglich um 11 Uhr einen vierstündigen Busausflug nach Trakai (33) an (ab 20 €). Derselbe Veranstalter offeriert auch eine deutschsprachige Privattour nach Trakai im bequemen Pkw (ab 140 € für zwei Personen). Deutschsprachige geführte Ausflüge nach Trakai kann man auch bei **Baltic-Tour** buchen. Individualisten und Sparfüchse fahren alternativ mit Mietwagen, Linienbus oder Zug. Dann kann man sich vor Ort die Zeit frei einteilen. Allerdings liegt der Bahnhof in Trakai etwas außerhalb der Stadt.

› www.vilniuscitytour.com
› www.baltic-tour.com
› www.autobusustotis.lt

VILNIUS ERLEBEN

002vl Abb.: gs

Vilnius für Kunst- und Museumsfreunde

Kunst und Kultur waren schon immer wichtig in der Stadt. Ohne sie wäre Vilnius nicht zu dem geworden, was es bis heute ist: eine Metropole. So vergeht kaum ein Tag, an dem nicht irgendwo Sonderausstellungen zu sehen sind, Schauspiele oder Musicals Premiere haben, Opern und Konzerte locken, Festivals die Massen begeistern oder sich Musiker aus aller Welt in großen Hallen und kleinen Klubs dem Publikum stellen. Besonders reichhaltig ist auch die Museumslandschaft. Jüngster Beweis ist das neue MO Museum 13*, ein Kunsttempel von internationalem Rang.*

Renommierte Museumsadressen in der litauischen Hauptstadt sind auch der **Palast der Großfürsten** 3 oder das **Museum für kirchliches Kulturerbe** 8, wo man in einer ehemaligen Kirche einen einmaligen Ausstellungsraum geschaffen hat.

Zu den gewichtigsten Museen der Stadt zählt neben dem **Litauischen Nationalmuseum** 5 mit seinen Ausstellungsräumen in den sogenannten Arsenalen zu Füßen des Burgberges auch das ursprünglich als Stadtmuseum gegründete **Litauische Kunstmuseum** mit seinen zahllosen Ausstellungsstücken, die in gleich acht Gebäuden untergebracht sind. Vier davon finden sich in der Landeshauptstadt: die **Gemäldegalerie Vilnius** (s. S. 51), der **Radziwill-Palast** (s. S. 52), das **Museum für Angewandte Kunst** (s. S. 52) und die **Nationale Kunstgalerie** (s. S. 52). Diese Häuser spiegeln die Entwicklung litauischer Kunst und Künstler vom Mittelalter bis zur Gegenwart. Einen Besuch lohnt auch das **Museum der Opfer des Genozids** 26, im Volksmund als KGB-Museum bekannt. Es verrät, wie der sowjetische Geheimdienst einst in der Stadt operierte, aber auch wie die Nationalsozialisten im selben Gebäude den Massenmord an den Juden planten.

Unübersehbar ist die **Kunst im öffentlichen Raum**, von der nicht nur schöne Brunnen und Denkmäler, sondern an vielen Ecken der Stadt – vor allem im Künstlerviertel Užupis 24 – auch Graffiti zeugen.

Ein Denkmal übrigens hat Vilnius weltberühmt gemacht: eine dem amerikanischen Musiker und Komponisten **Frank Zappa gewidmete Statue**, die man 1995 in der K. Kalinausko gatvė 1 [J8] aufstellte und deren Kopie inzwischen in der Geburtsstadt Zappas, dem amerikanischen Baltimore, steht. Obwohl Zappa niemals in Litauen war, würdigte man mit dem Denkmal einen künstlerischen

EXTRATIPP

Geschichte neu erleben

In spektakulären Bildern und Tönen wird die Geschichte des Landes und der Stadt in einem kleinen Innenstadtsaal erlebbar. Die 15-minütige Leinwandshow ist über Kopfhörer auch in deutscher Sprache verfügbar.

- **5** [K9] **Telia Nemuziejus**, Vokiečių g. 4, Tel. 60144711, www.nemuziejus.lt, Di.–So. 11–20 Uhr, 8 €. Die Show startet alle halbe Stunde neu.

Vorseite: Seifenblasenspaß – Sommervergnügen im Lukiškių-Park [J7]

Querdenker, den man schon zu Sowjetzeiten heimlich bewundert hatte. Frank Zappas Statue gehört übrigens zu dem guten Dutzend öffentlicher **Denkmäler**, die man inzwischen im Rahmen eines **Kunstprojekts auch zum Sprechen** gebracht hat. Wer mit einem mit dem Internet verbundenen Smartphone vor einem der Denkmäler steht, kann mit dessen Hilfe mehr über seine Geschichte und die dargestellten Personen erfahren (mehr unter www.mmcentras.lt).

Museen

6 [L8] **Bernstein-Museum (Gintaro galerija muziejus),** Šv. Mykolo g. 8, Vilnius, Tel. 5 2623092, www.ambergallery.lt, tgl. 10–19 Uhr. Kleines Museum, das die Geschichte des Bernsteins mit Originalstücken und Schautafeln erklärt. Mit Verkaufsgalerie.

7 [K11] **Eisenbahnmuseum (Geležinkelių muziejus),** Geležinkelio g. 16, Tel. 5 2693741, www.litrail.lt/muziejus-veikla, Di.–Fr. 9–17, Sa. 9–16 Uhr, 1,80 €. Das Museum im Obergeschoss des alten Bahnhofsgebäudes gibt einen Einblick in die litauische Eisenbahngeschichte. Allerdings nur etwas für Fans!

8 [L9] **Gemäldegalerie Vilnius (Vilniaus paveikslų galerija),** im Chodkevicius-Palast, Didzioji g. 4, Tel. 5 2124258, www.ldm.lt, Di.–Sa. 11–18, So. 12–17 Uhr, 2 €. Dauerausstellung zur Kunstentwicklung Litauens vom 16. bis zum 19. Jahrhundert. Im Obergeschoss befinden sich Möbel aus der Biedermeierzeit und gelegentlich gibt es Wechselausstellungen, Konzerte oder Dichterlesungen.

9 [K8] **Geldmuseum,** Totorių g. 2/8, Tel. 5 2680334, www.pinigumuziejus.lt, April–Okt. Di.–Fr. 10–19, Sa. 11–18, Nov.–März Di.–Fr. 9–18, Sa. 10–17 Uhr. Kostenfrei zugängliches Museum der litauischen Nationalbank, das auch für Kinder geeignet ist. Interesse am Geld und seiner Geschichte sollte man aber mitbringen!

10 [K7] **Kunstmuseum Vytatas Kasiulis,** A. Goštauto g. 1, Tel. 5 261674, www.ldm.lt/en/vkdm, Di.–Sa. 11–18, So. 12–17 Uhr, 2 €. Das Haus beherbergt mehr als 100 Bilder des bekannten litauischen Malers Kasiulis (1918–1995).

11 **Literarisches Museum Alexander Puschkin (Literaturinis Aleksandro Puškino muziejus),** Subačiaus g. 124, Tel. 5 2600080, www.vilniausmuziejai.lt, Mi.–So. 10–17 Uhr, 4 €. Im Gutshaus,

015vl Abb.: gs

Die Plastik „Drei Musen" am Schauspielhaus auf dem Gedimino-Boulevard 25

in dem die Familie des jüngeren Puschkin-Sohnes wohnte, erinnern Exponate an den großen russischen Dichter. Filme und Musik lassen seine Werke aufleben.

28 [L7] **Litauisches Energie- und Technikmuseum (Energetikos ir technikos muziejus).** Interessante Technikschau in einem alten Kraftwerk (s. S. 44).

5 [L7] **Litauisches Nationalmuseum (Lietuvos nacionalinis muziejus).** Populäre Sammlungen zu Geschichte, Kunst und Kultur des Landes. Zum Museum gehört auch eine kleine Ausstellung im Turm auf dem Burgberg (s. S. 22).

13 [J9] **MO Museum.** Kunstmuseum der Moderne, untergebracht in einem architektonischen Glanzstück (s. S. 30).

M12 [L8] **Museum Adam Mickiewicz (Vilniaus universiteto bibliotekos Adomo Mickeviciciaus muziejus),** Bernardinų g.11, Tel. 5 2791879, www.mb.vu.lt, Di.–Fr. 10–17, Sa.–So. 10–14 Uhr, 1,50 €. Gedenkstätte für den großen Dichter in seiner ehemaligen Wohnung.

26 [J7] **Museum der Genozidopfer (Genocido aukų muziejus).** Auch als KGB-Museum bekannte Erinnerungsstätte an die Gräuel der Nazis und der Sowjets (s. S. 41).

M13 [L7] **Museum für Angewandte Kunst (Taikomosios dailės muziejus),** Arsenalo g. 3a, Tel. 5 2628080, www.ldm.lt, Di.–Sa. 11–18, So. 11–16 Uhr, 2 €. Dauerausstellung mit stadtgeschichtlichen, kunsthistorischen und religiösen Kunstwerken. Beachtenswert sind die jährlich wechselnden Sonderschauen.

8 [L8] **Museum für kirchliches Kulturerbe, Michaelskirche (Bažnytinio paveldo muziejus).** Eindrucksvolles Museum mit Kirchenschätzen aus der Kathedrale und anderen Gotteshäusern (s. S. 26).

M14 [L9] **Museum für Kulinarisches Erbe (Lietuvos Kulinarinio Paveldo Muziejus),** Bokšto g. 9, Tel.5 2194849, www.culinarymuseumvilnius.lt, Mo.–Fr. 9–18 Uhr, 3 €. Das kleine Museum dokumentiert die Esskultur Litauens. Zu sehen sind u. a. Gemälde und viel Geschirr – vom einfachen Besteck bis zur teuren Soßenkanne. Zum Bestand gehören auch alte Kochbücher.

M15 [J5] **Nationale Kunstgalerie (Nacionaline dailės galerija),** Konstitucijos pr. 22, Tel. 5 2195961, www.ndg.lt, Di., Mi., Fr./Sa. 11–19, Do. 12–20, So. 11–17 Uhr, 2 €. Geführte Touren auf Englisch nach Anmeldung (15 €). Hier hat die Kunst des 20. Jahrhunderts Platz gefunden: Gemälde und Skulpturen litauischer Künstler aus dem In- und Ausland. Fotografien und Videoinstallationen.

3 [L8] **Nationalmuseum Palast der Großfürsten von Litauen (Nacionalinis muziejus Lietuvos Didžiosios Kunigaikštystės valdovų rūmai).** Nationale Geschichte im rekonstruierten Herrscherpalast des Großfürsten (s. S. 20).

M16 [K8] **Radziwill-Palast (Radvilų Rumai),** Vilniaus g. 22, Tel. 5 2620981, www.ldm.lt, Di.–Sa. 11–18, So. 12–17 Uhr, 2 €. Alter Adelspalast aus dem späten 17. Jh. mit ständigen und wechselnden Kunstausstellungen. Barrierefrei!

M17 [K9] **Theater-, Musik- und Kinomuseum Litauens (Lietuvos teatro, muzikos ir kino muziejus),** Vilniaus g. 41, Tel. 5 2312724, www.ltmkm.lt, Di.–Fr. 11–18 (Do bis 19), Sa. 11–16 Uhr, 2 €. Kulturhistorisch interessante Sammlung mit alten Musikinstrumenten, Werken der Bühnenmalerei und Devotionalien berühmter litauischer Bühnenkünstler.

M18 [K9] **VILNIL (Museum der Illusionen),** Vokiečių g. 6, Tel. 67225414, www.vilnil.lt, tgl.10–21 Uhr, 10 €. Kleines Mitmach-Museum, mehr Abenteuerspielplatz als Museum. Für alle, die Spaß an Neuentdeckungen haben.

17 [K10] **Zentrum für Zeitgenössische Kunst (Šiuolaikinio meno centras).** 1968

als „Palast der Kunst" für sozialistische Meisterwerke gebaut, dient es heute unter anderem als Platz für Videoinstallationen oder andere Multimediashows (s. S. 34).

Staatliches jüdisches Museum

Zum **Staatlichen jüdischen Museum (Valstybinis Vilniaus Gaono zydu muziejus)** gehören mehrere Abteilungen, so beispielsweise

30 **Genozid-Gedenkstätte Paneriai (Panierių Memorialinis Muziejus).** Weit außerhalb der Stadt erinnert eine Gedenkstätte an den Holocaust (s. S. 46).

M19 [J8] **Holocaust-Museum (Holokausto ekspocijos darbo laikas),** Pamėnkalnio g. 12, Tel. 5 2620730, www.jmuseum.lt, Mo.–Do. 9–17, Fr. 9–16, So. 10–16 Uhr, 3 €. Kleines Museum, das auch als „Grünes Haus" bekannt ist. Mit Fotos und Originaldokumenten wird hier an den Holocaust in Litauen erinnert.

M20 [J10] **Toleranzzentrum (Tolerancijos centro darbo laikas),** Naugarduko g. 10/2, Tel. 5 2120112, www.jmuseum.lt, Mo.–Do. 10–18, Fr. und So. 10–16 Uhr, 3 €. Das Museum im ehemaligen jüdischen Theater dient als Raum für Ausstellungen, Konferenzen und Diskussionen.

Galerien (Auswahl)

G21 [K9] **Galerie Vartai (Galerija Vartai),** Vilniaus g. 39, Tel. 5 2122949, www.galerijavartai.lt, Di.–Fr. 12–18, Sa. 12–16 Uhr. Einflussreichste Galerie Litauens mit Werken fast aller großen Gegenwartskünstler des Landes.

G22 [L9] **Zentrum für Grafikkunst Vilnius (Vilniaus grafikos meno centras),** Latako g. 3, Tel. 5 2611995, www.graphic.lt, Di.–Fr. 11–18, Sa. 11–15 Uhr. Kleine Galerie, die sich zeitgenössischer Grafik verschrieben hat.

Vilnius für Genießer

Die Restaurantszene in Vilnius

Viele Hundert Restaurants, Fast-Food-Filialen, Cafés, Bistros und Bars prägen die gastronomische Szene der Stadt. Längst vorbei sind die Zeiten, als sozialistische Einheitskost die Speisezettel bestimmte. Heute geben Köche unterschiedlichster Herkunft den kulinarischen Ton an und auf den Karten findet sich Exotisches aus aller Welt neben litauischer Hausmannskost. Steakhäuser und schicke Inder oder Japaner gibt es in Vilnius ebenso wie arabische und afrikanische Restaurants. Sogar Sterneköche haben inzwischen hier ihre Zelte aufgeschlagen. Groß ist längst auch das Angebot an veganen und vegetarischen Speisen (s. S. 58).

Wer sich für die litauische Küche interessiert, findet in der Altstadt garantiert ein Lokal mit **traditionellen Speisen** – so wie das Lokys (s. S. 57), wo man sich die Pflege traditioneller Küche auf die Fahnen geschrieben hat. Im Amatininkų Užeiga am Rathausplatz gibt es fast rund um die Uhr litauische Küche (s. S. 58). Ansonsten aber prägen mehr und mehr nationale und internationale Ketten und Lokale mit **globalem Angebot** die gastronomische Szene.

Größe und Ausstattung eines Lokals lassen nur selten auf die **Qualität** des Essens schließen. Gerade in der Altstadt sollte man sich das immer wieder klarmachen! Wer einfach und preiswert speisen will, besucht statt eines Restaurants *(Restoranas)* eine **Imbissstube** *(Užkandinė)*, eine **Kantine** *(Valgykla)* oder auch eines der Cafés, die neben Kaffee, Gebäck und Kuchen meist auch kleine Snacks im Angebot haben. Und noch ein Tipp: Schauen Sie sich einfach auch einmal in den **Seitenstraßen** um, denn dort ist das Essen oft preiswerter und besser! Übrigens gibt es auch in vielen **Bars** etwas zu essen, da diese in vielen Fällen tagsüber als Restaurant fungieren und abends als Klub mit Livemusik oder DJ.

Regionale Küche

Ganz oben auf allen Speiseplänen rangieren **Kartoffeln.** Sie kommen das ganze Jahr über auf den Tisch: als Kartoffelwurst, Kartoffelauflauf, Kartoffelpuffer sowie mit Hackfleisch, Pilzen, Käse, Quark oder traditionell mit Speck gefüllte **Kartoffelklöße.** *Cepelinai* heißen sie im Volksmund, „Zeppelin". Ein Name, den die großen Klöße den Hallen für die Luftschiffe verdanken, welche die Deutschen einst in Litauen bauten.

Als eine Art Nationalgericht gelten **Kartoffelpfannkuchen** *(Blynai)*, die mit süßer oder saurer Füllung serviert werden. Man kann sie auch ohne Füllung bestellen und vor dem Verzehr in Sahne oder Marmelade tunken. **Kartoffelpuffer** heißen *Kugelis.* **Fleischrouladen** gefüllt mit Zwiebeln, Speck und Ei firmieren als *Suktiniai. Balandeliai* sind **Krautrouladen** mit Hackfleisch- oder inzwischen auch Reisfüllung. Das vielleicht exotischste litauische Gericht ist **Vedarai,** ein mit geriebenen Kartoffeln oder Graupen gefüllter und dann gebackener Schweinedarm. Von Spätsommer bis in den Winter bereichern **Pilze** den Speiseplan. Sie kommen meist in feinen, aber kräftigen Sahnesoßen auf den Tisch. Mehr als Hundert essbare Pilzsorten wachsen in den heimischen Wäldern: vor allem Steinpilze, Pfifferlinge, Rotkappen, Butterpilze und Morcheln. Zu den **traditionellen Gemüsen** zählen Kohl, Rote Bete, Karotte, Tomate, Zwiebel, Gurke, Möhre, Pastinake, Rettich und Radieschen. Kohl wird meist frisch und gesalzen als Kraut mit Kümmel, Moosbeeren und Äpfeln gegessen. Auch Gurken kommen in der Regel frisch auf den Tisch, im Herbst und Winter als Saure oder Essiggurken. Dill, Kümmel, Majoran, Knoblauch und Meerrettich werden traditionell zum **Würzen** der Speisen verwendet.

Etwas eintöniger ist das **Dessertangebot.** Zwar kennen auch die Einheimischen Pudding, Eis und Kompott, meist aber gibt es honigsüßen Kuchen zum Nachtisch. Im Sommer Beeren in allen Varianten, die wie Johannis- und Stachelbeeren meist aus dem eigenen Garten stammen oder wie wilde Himbeeren, Walderdbeeren, Heidelbeeren oder Moosbeeren im Wald gepflückt werden. Sehr gut schmeckt auch der sogenannte Apfelkäse, eine aus Äpfeln, Zucker und Zimt gekochte Leckerei, die wie der litauische Quarkkäse aussieht.

KURZ & KNAPP

Kampf dem Alkohol

Litauen führt die Liste des Alkohol-Pro-Kopf-Verbrauchs in der Europäischen Union an. Mit neuen Gesetzen kämpft die Regierung deshalb jetzt gegen den Alkoholmissbrauch. So dürfen alkoholische Getränke nicht mehr an unter 21-Jährige verkauft oder ausgeschenkt werden. Streng reglementiert wurde auch der Alkoholverkauf, er ist nur noch Mo. bis Sa. von 10 bis 20 und So. 10 bis 15 Uhr möglich. Verboten ist auch die Werbung für Bier, Wein und andere Alkoholika in den Medien, außerdem darf man keinerlei Werbung für Alkohol in den sozialen Medien machen.

090vl Abb.: gs

Litauisches Bier und Wein aus aller Welt

Schon im Mittelalter kannte man **Met**, eine Art Honigwein, der noch heute im Land hergestellt wird. Mit 10 bis 20 Vol.-% Alkohol dient der *Midus* heute als „Beschleuniger", wenn es gilt, die Feststimmung zu heben. Auch das **Bier** *(Alus)* ist in Litauen stärker als gewohnt, was schon mancher Besucher am eigenen Leib erfahren musste. Wegen seiner Farbe gilt Bier bei den Einheimischen auch als „Flüssiger Bernstein". Mehr als einhundert Brauereien im Land halten die Braukunst heute hoch, brauen helle *(Šviesus)* und dunkle *(Tamsus)* Gerstensäfte mit bis zu 9,5 Vol.-% Alkohol. Auch Vilnius und Kaunas haben ihre eigenen **Brauereien.** So wird das Avilys (s. S. 99) in Kaunas sehr geschätzt.

Suppen und Kartoffelgerichte sind traditioneller Bestandteil der Küche Litauens. Dazu trinkt man heute vornehm auch ein Glas Wein.

Mit **Wein** allerdings ist dem Bier in den letzten Jahren ein ernsthafter Konkurrent gewachsen. Überall in der Stadt schießen **Weinbars** und **Vinotheken** aus dem Boden. Vor allem bei den Frauen liegt der Rebensaft im Trend, ist für sie Bier doch ein Männergetränk.

Kulinarischer Tagesablauf

Das litauische **Frühstück** ist traditionell deftig. Wurst und Käse, Omelett, Fisch und Pilze gibt es schon morgens. Dazu dunkles, meist etwas süßlich schmeckendes Roggenbrot *(Ruginė Duona).* Weißbrot oder Brötchen, Müsli und Obst finden sich meist nur an den Buffets der größeren Hotels mit internationalem Publikum. Frühstück wird in der Regel zwischen 7 und 10 Uhr serviert, manchmal auch bis 11 Uhr.

Zeit zum **Mittagessen** ist zwischen 12 und 14 Uhr, schon ab 18 Uhr geht es zum Abendessen. Zu Sowjetzeiten war das Mittagessen die wichtigste Mahlzeit am Tag, inzwischen aber gewinnt das **Abendessen** mehr und mehr an Gewicht. Das liegt auch

EXTRATIPP

Ab in den Bierhimmel!

Einen Überblick über die Braukunst Litauens verschafft ein Bierkeller inmitten der Altstadt. Gut 50 verschiedene Sorten Flaschenbier sind dort im Ausschank und zu kaufen. Rund zwei Dutzend Sitzplätze bietet das Kellergewölbe, das mehr wie eine große Wohnstube wirkt. Zum Bier werden litauischer Käse und litauische Wurst gereicht.

29 [L9] **Bambalynė**, Stiklių g. 7, Tel. 8 2405670, www.bambalyne.lt, tgl. 11–24 Uhr

daran, dass viele Berufstätige erst abends Zeit zum Kochen haben.

Bestand das Mittagessen früher aus Vorspeise, Hauptgang und Dessert, fällt es heute weniger üppig aus. Besonders gern werden **Suppen** gelöffelt – im Winter Sauerkraut- oder Rote-Bete-, im Frühling und Sommer Sauerampfer- oder Milchsuppen. Am populärsten ist an heißen Tagen eine kalte Rote-Bete-Suppe mit Ei, die *Šaltibarščiai,* eine Art litauische Gazpacho, die mit heißen Kartoffeln serviert wird. Und auch aus Obst und Beeren verstehen die Litauer süße Suppen zu machen, die traditionell mit Mehlklößen gegessen werden.

Preislich fallen Essen und Trinken in Vilnius weniger ins Gewicht als in vielen anderen europäischen Metropolen. Ein Mittag- oder Abendessen ohne Getränke kostet meist nicht mehr als 10 bis 15 Euro. In den besseren, auch von Ausländern besuchten Restaurants schlägt ein dreigängiges Mahl mit 20 bis 45 Euro zu Buche. Und natürlich gilt auch hier, dass das Preis-Leistungs-Verhältnis oft besser wird, je mehr man sich aus der Innenstadt entfernt.

Preiskategorien

Preise für ein Dreigangmenü ohne Getränke (pro Person).

€	Menü bis 10 €
€€	Menü bis 25 €
€€€	Menü ab 25 €

Empfehlenswerte Restaurants

23 [L9] **Amandus** €€€, Pilies g. 34, Tel. 67541191, www.amandus.lt, tgl. 12–23 Uhr. Das neue Gourmetrestaurant in der Altstadt lockt mit ausgesuchten Menüs, die handwerkliche Perfektion verraten.

24 [L10] **Bunte Gans** €€, Aušros Vartų g. 11, Tel. 5 2128312, www.buntegans.lt, Mo.–Do. 11-23, Fr. 11–2, Sa. 12–24, So.12–22 Uhr. Deutsche und litauische Küche, dazu deutsches Bier.

25 [L9] **Ertlio Namas** €€, Šv.Jono g. 7, Tel. 63733300, www.ertlionamas.lt, Mo.–Do. 17–22, Fr.17–23, Sa. 13–23, So. 13–22 Uhr. Litauische Küche in historischem Ambiente. U. a. lokale Produkte wie Lamm, Gans oder Fisch.

26 [L8] **Forto Dvaras** €-€€, Pilies g. 16, Tel. 65613688, www.fortodvaras.lt, tägl. 11–24 Uhr. Klassische litauische Küche wie Borsch oder Kartoffelgerichte mit vielen Soßen.

27 [L8] **Grey** €€-€€€, Pilies g. 2, Tel. 63322677, www.restoranasgrey.lt, So./Mo 11.30–22, Di. 11.30–23, Mi./Do. 11.30–23.45, Fr./Sa. 11.30–1 Uhr. Stylisches Restaurant, das vom Frühstück bis zum Abendessen alles bietet. Internationale Küche mit litauischem Einschlag.

28 [K9] **La Provence** €€€, Vokiečių g. 22, Tel. 68604708, www.laprovence.lt, Di.–Do 15–23. Fr./Sa. 15–24 Uhr. Elegantes Lokal mit französisch-mediterraner Küche, Spezialitäten: frischer Fisch, Lamm und Rehrücken. Große und gute Weinkarte.

Storchenschnaps zur Geburt

*Neben Met und Bier kennen die Litauer traditionell auch ein paar **hochprozentige Getränke,** mit denen Besucher unter Umständen Bekanntschaft machen könnten. Etwa mit **„Starka“,** einem Schnaps, den man schon im 15. Jh. brannte und in großen Eichenfässern unter die Leute brachte. Sein Name verweist auf das alte litauische Wort „starkus“ (Storch), denn dieser „Storchenschnaps“ wurde nach alter Sitte gewöhnlich zur **Geburt des ersten Sohnes** gebrannt.*

*Auch **Kräuterschnäpse** genießen viel Beachtung, weil ihnen, wenn sie auf die Haut gerieben werden, oft heilende Wirkung gegen Gelenkschmerzen oder Erkältungen zugeschrieben wird. Am bekanntesten ist der **„Trejos devynerios“** („Dreimal Neun“), den man früher gern in der Nacht zum Johannistag nach Sonnenuntergang gebrannt haben soll. Seinen Namen verdankt der Magenbitter den 26 in ihm verarbeiteten Kräutern und der Weißbuche, die das Holz für die Fässer liefert, in denen er reift.*

*Nicht zu verachten ist auch der **„Krupnikas“,** ein mit Kräutern angereicherter **Honiglikör,** der gern heiß getrunken wird. Und noch eine Getränkespezialität gibt es in Litauen. Sie stammt noch aus russischer Zeit: eine kohlensäurehaltige **Limonade** namens **„Gira“,** die in der Regel aus vergorenem Schwarzbrot hergestellt wird. Ein saurer Trank mit über tausendjähriger Tradition, dem wegen seiner Milchsäurebakterien auch eine verdauungsfördernde Wirkung nachgesagt wird.*

30 [L9] **Lokys** €€, Stiklių g. 8, Tel. 5 2629046, www.lokys.lt, tägl. 12–24 Uhr. Traditionsreiches Restaurant mit schönem Innenhof, bekannt für Wildgerichte.

31 [L8] **Mykolo 4** €-€€, Šv. Mykolo g. 4, Tel. 68822210, www.mykolo4.lt, Mo.–Do. 11–22.30, Fr. 11–23, Sa. 12–23, So. 12–21 Uhr. Litauische Frischeküche mit häufig wechselnden Menüs. Familienbetrieb.

32 [K8] **Sue's Indian Raja** €€, Odminių g. 3, Tel. 5 2661888, www.suesindianraja.lt, tgl. 11–23 Uhr. Viel gelobtes indisches Lokal mit Tandoori, aber auch Einflüssen aus den Küchen Chinas und Thailands.

33 [M9] **Uzupio klasika** €€-€€€, Užupio g. 28, Tel. 52153677, tägl.11–23 Uhr. Kleines, familiengeführtes Restaurant mit nur zehn Tischen für ein romantisches Dinner. Lokale Frischeküche!

34 [K8] **Zoe's Bar & Grill** €€, Odminių g. 3, Tel. 5 2123331, www.zoesbargrill.com, tgl. 8–3 Uhr. Gegenüber der Kathedrale gelegenes Bistro-Restaurant mit vielen amerikanisch inspirierten Grillgerichten.

35 [M9] **Sweet Root** €€€, Užupio g. 22, Tel. 68560767, www.sweetroot.lt, Mi.–Sa. 18–23 Uhr. Gehobene regionale Frischeküche. Vier- und Sieben-Gänge-Menüs mit passender Weinbegleitung.

Für den kleinen Hunger

36 [L11] **Keule Ruke** €, Pylimo g. 66, Tel. 62329839, Mo.–Mi. 11.30–20, Do./Fr. 11.30–22, Sa. 12–22, So.12–22 Uhr. Street Food in Bahnhofsnähe, z. B. mit Schweinefleisch belegte Sandwiches, für die man oft Schlange steht. Ableger in der Verkių g. 29, der Pramonės g. 16a und der Titnap g.78 mit ähnlichen Öffnungszeiten.

37 [K8] **Mano Guru** €, Vilniaus g. 22, Tel. 5 2120126, www.manoguru.lt, Mo.–Fr. 7–21, Sa./So. 9–20 Uhr. Selbstgemachtes Brot zu Gemüse- und

EXTRATIPPS

Essen mit Aussicht

› **Paukščių Takas (Restaurant „Milchstraße")** €-€€, auf dem Fernsehturm 29, Tel. 5 2525336, www.tvbokstas.lt, tgl. 10–22 Uhr. So international wie das Publikum ist auch die Speisekarte: Eiscreme mit Erdbeeren neben Griechischem Salat, Gemüse mit Couscous und Schweineschnitzel. Vor allem aber zählt der Blick von oben!

Lecker vegetarisch

38 [K9] **Balti Drambliai** €, Vilniaus g. 41, www.baltidrambliai.lt, Tel. 65090469, Mo.–Do. 11–24, Fr. 11–2, Sa. 12–2, So. 12–24 Uhr. Täglich ein frisches Tagesgericht, meist Suppe, Kebab und Gemüse. Im Sommer mit schöner Gartenterrasse.

39 [K8] **Vegafe** €€, Totorių g. 3, Tel. 65977411, http://vegafe.eu, Mo.–Fr. 11–22, Sa./So. 12–22 Uhr. Suppen und Salate, viel Gemüse und Nudelgerichte. Sommerspezialität: kalte Rote-Bete-Suppe.

40 [K9] **Vieta** €€, Šv. Ignoto g. 12–1, Tel. 60223247, www.facebook.com/vieta.vilnius, Mo.–Mi. 12–23, Do. 12–24, Fr./Sa. 12–2 Uhr. Kleines Restaurant mit täglich wechselnden vegetarischen und veganen Speisen im Uni-Viertel. Im Angebot ist unter anderem ein Soja-Steak mit Buchweizen. Abends Bar mit Hip-Hop-Klängen.

Dinner for One

41 [K9] **Bistro 18** €€, Stiklių g. 8, Tel. 67772091, www.bistro18.lt, Mo.–Do. 11.30–22 (im Sommer bis 22.30) Uhr, Fr. 11.30–23 Uhr, Sa. 13–23 Uhr. Populäres Bistro-Restaurant mit drei kleinen Speiseräumen und einer separaten Weinbar. Sie offeriert Dutzende von Weinen aus aller Welt.

Frischer Fisch

42 [M9] **Šturmų švyturys** €€-€€€, Užupio g. 30, Tel. 65698000, www.sturmusvyturys.lt, tgl. 12–22 Uhr. Einziges Restaurant in Vilnius, das frische, nicht tiefgefrorene Fische verarbeitet. Diese werden angeblich täglich von Ostseefischern geliefert. Dazu munden Riesling-Weine aus Deutschland oder Grüner Veltliner aus Österreich.

Für den späten Hunger

43 [L9] **Amatininkų Užeiga** €-€€, Didžioji g. 19a, Tel. 68722366, www.amatininkai.lt, So.–Do. 11–3, Fr./Sa. 11–5 Uhr. Litauische Küche fast rund um die Uhr – von der Rote-Beete-Suppe bis zum Lachsfilet. Treff von Einheimischen und Touristen in der Stadtmitte. Im Sommer große Terrasse.

44 [K9] **Cozy** €-€€, Dominikonų g. 10, Tel. 5 2611137, www.cozy.lt, So.–Do. 8.30–2, Fr./Sa. 8.30–3 Uhr. Besonders bei den Einheimischen beliebtes Café-Restaurant, in dem auch nach Mitternacht noch warm serviert wird: frische Sandwiches mit Pommes und Knoblauchsoße etwa.

45 [K9] **Zatar Falafel&Hummus** €, Vokiečių g. 9, www.zatar.lt, So.–Mi. 10–23, Do. 10–3, Fr./Sa. 10–5 Uhr. Einfach und schnell stillen jene, die vegetarische Küche schätzen, hier vor allem am Wochenende auch ganz spät noch ihren Hunger.

Gastro-Gasse

46 [J11] **Uptown Bazar** €-€€, Kanuo g. 16, Tel. 61688388, www.prodo.lt, Mo.–Fr. 8–22, Sa. 10–22, So. 10–18 Uhr. Gleich mehrere Anbieter ballen sich hier mit Buden und Ständen. Die Auswahl – von Pizza bis Cidre – ist so international wie das Publikum.

über 60 Salatgerichten. Kein Alkohol, weil der gemeinnützige Laden der Wiedereingliederung von ehemaligen Häftlingen dient.

47 [L8] **Pilies Kepyklėlė** €-€€, Pilies g.19, Tel. 52608992, tgl. 9–23 Uhr. Bei den Einheimischen beliebtes Terrassenrestaurant. Süßmäuler schätzen die selbstgemachten Kuchen und Crêpes. Auch zum Frühstücken ein beliebter Ort!

48 [L9] **Senamiescio Krautuve** €, Literatų g. 5, www.senamiesciokrautuve.lt, Tel. 5 2312836, Mo.–Sa. 10–20, So. 11–17 Uhr. Kleiner Tante-Emma-Laden mit frischem Gemüse und leckeren Kuchen, die man mit einer Tasse Kaffee genießen kann, Tische und Stühle stehen im Sommer an der Straße!

49 [J9] **Sluoksniai** €, Pylimo g. 19, Tel. 65321180, Mo.–Fr. 9–20, Sa. 10–20, So. 10–17 Uhr. Neuer Frühstücks- und Vesperplatz, der mit reich belegten Baguettes und Suppen überrascht.

Cafés

50 [L9] **Café de Paris,** Didžioji g. 1, Tel. 526111021, Mo./Di. 11–24, Mi./Do. 11–2, Fr./Sa. 11–4, So. 11–24 Uhr. Café, Lounge und Cocktail-Bar, die auch nach dem Umbau Treff der junggebliebenen Einheimischen ist.

51 [M9] **Coffee 1,** Užupio g. 9, Tel. 61060160, Mo.–Fr. 7.30–19, Sa./So. 9–19 Uhr. Einfaches Café im Szenestadtteil Užupis. Für die kleine Pause mit Espresso und Croissants.

52 [K8] **Pinavija,** Vilniaus g. 21, Tel. 67644422, www.pinavija.lt, tägl. 9–20 Uhr. Kleiner Familienbetrieb mit hausgemachten Kuchenspezialitäten vom Käse- bis zum Karottenkuchen – aber auch Omelettes, Salate und Bagles.

53 [J7] **Small Talk,** A. Stulginskio g. 2, Tel. 60554613, tgl. 10–18 Uhr. Kleines Café mit hausgemachten Kuchen und Sandwiches für zwischendurch.

Vilnius am Abend

Vilnius lebt! Vor allem im Sommer spürt das jeder Besucher, wenn er abends durch die Stadt bummelt und über die großen Boulevards schlendert, deren Terrassenrestaurants und -cafés bis spät in die Nacht offen haben. Im Winter drängt man sich in den Kellerlokalen der Altstadt und Livebands heizen vor allem der Jugend ein. Aber auch Diskotheken, Szenebars und Kinos finden genau wie Kunstkeller, Opernhäuser, Konzertsäle und Theater Abend für Abend ihr Publikum.

Litauens Ausgehwillige stört **keine Sperrstunde.** Kein Wunder, dass sich angesagte Klubs meist erst nach Mitternacht füllen. Die Eintrittspreise sind meist niedrig. Neu ist, dass jetzt auch in Vilnius oft Türsteher den Einlass kontrollieren und dabei auch auf die Kleidung der Besucher achten – vor allem auch auf feines Schuhwerk.

In vielen Klubs wird mindestens einmal wöchentlich **live musiziert.** Immer wieder finden sich auch Leute zusammen, um Theater zu spielen oder Musik zu machen. So gibt es neben den großen **staatlichen Theatern** auch viele **kleine Bühnen** für fast jeden Geschmack – vom Theater für russische Dramen bis zum Puppentheater **Lėlė** (s. S. 62).

Anders als viele Besucher vielleicht denken, hat das Theater in Litauen eine lange und große Tradition. Angeblich wurde schon 1570 ein erstes Schauspiel im Herrscherpalast aufgeführt. Und schon im 17. Jahrhundert gab es eine feste Bühne in der Stadt, auf der **Komödien** und **Dramen** aufgeführt wurden. 1636 hatte mit „Der Raub der Helena“ die erste **Oper** in italienischer Sprache in Vilnius Premiere. Jahrzehnte später gab

EXTRATIPPS

Selbstgebrautes

Šnekutis heißt eine der ersten Adressen für Biertrinker in Vilnius. Im Angebot sind helle und dunkle Biere in allen Variationen. Manche sind ungefiltert und nicht pasteurisiert und deshalb gewöhnungsbedürftig. Dazu werden kleine (preiswerte) Gerichte serviert, die den Geldbeutel nicht arg strapazieren. Die Bierlokale mit Selbstbedienung und viel jugendlichem Publikum finden sich hier:

59 [N9] **Šnekutis (1),** Polocko g. 7a, tägl. 10–23 Uhr

60 [K10] **Šnekutis (2),** Sv. Stepono g. 8, tägl. 11–23 Uhr

61 [K10] **Šnekutis (3),** Sv. Mikalojous g. 15, tägl. 11–23 Uhr

Für Nachtschwärmer

Wenn andere schon frühstücken, ist die Nacht hier noch lange nicht zu Ende. Hier geht's erst kurz vor Morgengrauen richtig los! Cocktails und ausgesuchte Biere assistieren in der Kellerbar bei der Wochenendgestaltung.

62 [K9] **Endless Bar,** Trakų g. 2, Tel. 64828515, Fr./Sa. 22–12 Uhr

Smoker's Guide

In öffentlichen Gebäuden, dazu zählen auch alle gastronomischen Betriebe, und allen Verkehrsmitteln ist das **Rauchen verboten.** Strenges Rauchverbot gilt zudem auf allen Bahnhöfen, in weiten Bereichen der Flughäfen und an Bushaltestellen. Sogar in Parks wie dem beliebten Bernardinu-Park hat man dem blauen Dunst den Kampf angesagt.

Im **Hotelzimmer** wird das Rauchen zwar gesetzlich geduldet, doch die großen Hotels haben ihre eigenen Regelungen. Raucher sollten deshalb immer ein Raucherzimmer verlangen!

es erste **Ballettaufführungen.** 1785 öffnete das erste **Stadttheater** seine Pforten, das dem Volk Zugang zu den Werken Molières, Voltaires, Lessings, Schillers und anderer Denker und Dichter verschaffte. Heute genießen litauische Inszenierungen Weltruhm und Regisseure wie Eimuntas Nekrošius, Rimas Tuminas oder Oskar Koršunovas haben sich unter Theaterliebhabern einen Namen gemacht.

Bars, Kneipen und Bistros

54 [K9] **Alaus Bibliotheka,** Trakų g. 4, Tel. 52126874, Di.–Sa. 17–24 Uhr. Vor allem bei jungen Leuten sehr beliebte Bar mit fast 250 verschiedenen Bieren im Angebot.

55 [I7] **Baras Suo,** Ankštoji g. 1, Tel. 67612708, Mo.–Do.17–22, Fr./Sa. 17–24 Uhr. „Hunde-Bar" heißt der Laden, in dem auch Vierbeiner gern gesehen sind, übersetzt. Zu Rock und Heavy Metal passen ein paar scharfe Oliven!

56 [L10] **In Vino,** Aušros Vartų g. 7, Tel. 5 2121210, www.invino.lt, So.–Do. 16–2, Fr.–Sa. 16–4 Uhr. Eines der populärsten Weinlokale der Stadt, in der hin und wieder auch Stars Station machen.

57 [K8] **Piano Man Bar,** Islandijos g. 1, Tel. 63009949, Mo.–Mi. 17–2, Do.–Sa. 17–4, So. 15–2 Uhr. Beliebte Kneipe, vor allem bei den Einheimischen. Biere von Guinness bis Hoegaarden!

› **Sky Bar,** im Radisson Blu Hotel Lietuva (s. S. 123), Tel. 5 2314823, So.–Do. 17–1, Fr.–Sa. 17–2.30 Uhr. Cocktailbar in der 22. Etage mit dem vielleicht schönsten Blick auf die Stadt. Vor allem abends bei untergehender Sonne.

58 [M9] **Spunka,** Užupio g. 9, Tel. 8 6523261, www.spunka.lt, Mo. 17–22, Di.–So. 15–22 Uhr. Szene-Bierbar in Užupis. Acht Biere aus acht Zapfhähnen.

63 [L9] **Who Hit John,** Didžioji g. 19, Tel. 9844723, So.-Do. 20-4, Fr./Sa. 20-5 Uhr. Mit nur 20 Quadratmetern, die eine Sommerterrasse mehr als verdoppelt, nennt sich die Bar die kleinste der Stadt. Es gibt nur Getränke, die nicht ganz günstig sind.

Klubs, Discos und Co.

64 [L10] **Artistai Pub,** Šv. Kazimiero g. 3, Tel. 5 2121268, www.artistai.lt, So. 12-23, Mo. 11-23, Di.-Do. 11-1, Fr. 11-3, Sa. 12-3 Uhr. Ein Altstadtklub, der tagsüber als Bar und Restaurant dient, abends als Diskothek. Gelegentlich Livekonzerte.

65 [K9] **Brodvėjus,** Vokiecių g./ Mėsinių g. 4, Tel.65257790, www.brodvejus.lt, So., Di.-Do. 20-4, Fr./Sa. 20-5 Uhr. Uriger Klub mit vielen Livekonzerten und Karaoke.

66 [L10] **Jazz Cellar 11,** Aušros Vartų g. 11, Tel. 68411382, www.vilniusjazzclub.lt, unterschiedliche Öffnungszeiten. Treffpunkt der Jazzszene, regelmäßig Konzerte.

67 [I11] **Loftas,** Švitrigailos g. 29, Tel.61018543, www.menufabrikas.lt, Fr./Sa. 19-2 Uhr. Populäres Kulturzentrum in einer alten Fabrikhalle der Neustadt. Livekonzerte, Filmvorführungen, Disco usw.

68 [K8] **Mojito Nights,** Didžioji g. 33/ Rūdninku g. 2, Tel. 63333281, Fr./Sa. 23-6 Uhr. Nachtklub mit beeindruckender Cocktailkarte. Der Eingang liegt versteckt in einer Seitengasse. Mindestalter: 21 Jahre.

Gastro- und Nightlife-Areale

Bläulich hervorgehobene Bereiche in den Karten kennzeichnen Gebiete mit einem dichten Angebot an Restaurants, Bars, Klubs, Discos etc.

065vl Abb.: gs

69 [J8] **Opium,** Islandijos g. 4, Tel. 69141205, www.opiumclub.lt, Fr./Sa. 23-6 Uhr, Eintritt: 10 €. Über einem asiatischen Restaurant servieren internationale DJs am Wochenende ihre Beats.

70 [K9] **Pabo Latino,** Trakų g. 3, Tel. 5 2621045, www.pabolatino.lt. Do. 21-3, Fr.-Sa. 21-5 Uhr. Salsa auf dem Parkett, Tequila an der Bar. Großes Feierzentrum mit mehreren Hallen. Eintritt!

71 [L10] **Tamsta,** A. Strazdelio g. 1, Tel. 68021534, www.tamstaclub.lt, Mi./Do. 20-24, Fr./Sa. 20-2 Uhr, Eintritt: 4 €. Beliebter Klub im ersten Stockwerk einer alten Fabrik. Mehrmals wöchentlich Liveacts.

Beliebter Treffpunkt: der Rathausplatz mit Altem Rathaus 16

Theater und Konzerthallen

72 [K7] **Kongresspalast,** Vilniaus g. 6, Tel. 5 2618828, www.lvso.lt. Kultursaal mit viel gelobter Akustik. Beliebte Spielstätte des staatlichen Symphonieorchesters.

73 [K10] **Nationales Jugendtheater,** Arklių g. 5, Tel. 52616126, www.jaunimoteatras.lt. 1966 gegründetes Jugendtheater, das sich klassischen Stoffen ebenso widmet wie experimentellem Theater.

74 [L10] **Nationalphilharmonie Litauen,** Aušros Vartų g. 5, Tel. 5 2665233, www.nationalphilharmonic.eu. Konzerthalle und Kammermusiksaal.

75 [K7] **Nationaltheater Litauen (Oper- und Ballett),** A. Vienuolio g. 1, Tel. 5 2620727 (Kartenverkauf), www.opera.lt. Grundlegend renoviertes Theater, das traditionelle, aber auch zeitgenössische Produktionen im Repertoire hat.

76 [K8] **Nationaltheater Litauen (Schauspiel),** Gedimino pr. 4, Tel. 852626471, www.teatras.lt. Renommiertes Ensemble, das mit klassischen und modernen Stücken auch gern auf Tournee ist.

77 [K10] **Oskaras Koršunovas Theater,** Ašmenos g. 8, Tel. 5 2122099, www.okt.lt. Heimstatt des bekannten Regisseurs Oskar Koršunovas, dessen Inszenierungen Weltruhm genießen.

78 [J9] **Russisches Theater Litauens,** J. Basanavičiaus g. 13, Tel. 5 2620552, www.rusudrama.lt. Theater in russischer Sprache, anspruchsvolle Inszenierungen.

79 [K1] **Siemens-Arena,** Ozo g.14, Tel. 5 2477576, www.siemens-arena.com. Wichtigste Mehrzweckhalle der Stadt und eine der geräumigsten im Baltikum, in der die Größen des Pop ebenso zu Hause sind wie Basketballer oder Eishockeyspieler.

80 [J7] **Staatliches Kleines Theater von Vilnius,** Gedimino pr. 22, Tel. 5 2499869, www.vmt.lt. Kleine Bühne mit eigenem Ensemble, dessen Gastspiele auch in Deutschland und Österreich geschätzt werden.

81 [C4] **Theater der Sonderlinge (Keistuolių teatras),** Laisvės pr. 60, Tel. 5 2424585, www.keistuoliai.lt. Modernes Theater.

EXTRATIPP

Puppentheater

Der Name ist Programm, bedeutet doch das litauische Wort *lėlė* „Puppe". Das 1958 gegründete Theater ist eine von drei Puppenbühnen Litauens und spielt seit 1977 in der Altstadt. Jährlich rund 35.000 Zuschauer sehen auf zwei Bühnen etwa 300 Aufführungen im Jahr. Pinocchio, Biene Maja, Cinderella und andere Klassiker gehören zu den gut zwei Dutzend Stücken im Repertoire der Bühne, die fast schon in der ganzen Welt zu Gast war.

82 [L10] **Theater Lėlė,** Arklių g. 5, Tel. 5 2628678, www.teatraslele.lt

063vl Abb.: gs

Vilnius für Shoppingfans

Von Montag bis Sonntag lädt Vilnius zum Shoppen in kleinen Boutiquen und großen Ladengalerien. Manches Einkaufszentrum wie das Maxima (siehe rechts) hat gar rund um die Uhr geöffnet. Lange vorbei sind die Zeiten, als das Angebot klein und die Einkaufszeiten beschränkt waren. Armani und Escada, Prada, Gucchi, Dolce & Gabbana, Boss und Kenzo, Calvin Klein, Cerruti und Versace, Marco Polo und Max Mara, La Perla und Hilfiger, Gant und Vero Moda – keine große Marke, die in Vilnius nicht vertreten wäre.

Die **Pilies** und die **Didžioji gatvė** sind neben dem Gedimino-Boulevard 25 die populärsten Einkaufsstraßen der Stadt. Auch in den Seitenstraßen rund um den alten Rathausplatz finden sich viele kleine Läden neben Kiosken und Ständen, die **traditionelle Souvenirs** verkaufen: Bernstein, Silber-, Bronze- und Kupferschmuck, Lederwaren, Tischdecken, Tongeschirr, Küchengeräte, Textilien oder Spielzeug aus Holz oder Ton.

Die **Preise** in den modernen Einkaufszentren unterscheiden sich wenig von denen in Deutschland oder Österreich. Große Schnäppchen macht man heute kaum noch, was auch an der im Vergleich zu Österreich und Deutschland höheren **Mehrwertsteuer** von 21 Prozent liegt. Deutlich preiswerter sind dagegen qualitativ hochwertige Anzüge, Hemden, Hosen und Kleider aus Leinen, die in kleinen Geschäften verkauft und in der Regel auch in Litauen gefertigt werden. Schließlich hat die Leinenherstellung und -verarbeitung im Baltikum eine lange Tradition – so wie auch anderes Handwerk, das der Staat inzwischen gezielt fördert.

Einkaufszentren

83 [I2] **Akropolis,** Ozo g. 25, Tel. 5 2492879, www.akropolis.lt, Mo.–So. 10–22 Uhr. Größtes Shopping- und Freizeitzentrum der Stadt mit vielen Dutzend Läden, Cafés und Restaurants, Bowlingbahn, 3-D-Kino, Spielcasino und großer Eisbahn.

84 BIG, Ukmergės g. 369, Tel. 5 2643324, www.big-vilnius.lt, Mo.–Sa. 10–21, So. 10–20 Uhr. Riesiges Einkaufszentrum vor den Stadttoren.

85 [J5] **Europa,** Konstitucijos pr. 7a, Tel. 8 61695680, www.pceuropa.lt, tägl. 7–24 Uhr. Einkaufszentrum unter riesigem Glasdach gegenüber dem neuen Rathaus. Lebensmittel und Markenartikel (Bekleidung, Schuhe, Sportausrüstung), großes Parkhaus.

86 [K8] **GO9,** Gedimino pr. 9, Tel. 5 2629812, www.go9.lt, Mo.–Fr. 7–22, Sa./So. 8–22 Uhr. City-Einkaufszentrum mit Cafés und Restaurants. Viele Lifestyle-Läden!

87 [J10] **Maxima,** Mindaugo g. 11, Tel. 5 2330415, www.maxima.lt. Rund um die Uhr geöffnetes Einkaufs-

Im Einkaufszentrum Europa kann man täglich shoppen

010vi Abb.: gs

zentrum der Maxima-Kette. Vor allem Lebensmittel, aber auch Textilien und Haushaltswaren.

88 [J2] **Ozas,** Ozo g. 18, Tel. 5 2100150, www.ozas.lt, Mo.-Sa. 10-22, So. 10-21 Uhr. Großes Einkaufszentrum direkt neben dem Shoppingcenter Akropolis.

89 [H5] **Panorama,** Saltoniškių g. 9, Tel. 5 2195811, www.panorama.lt, Mo.-Sa. 10-22, So. 10-21 Uhr. Shoppingzentrum mit mehr als hundert Läden und Freizeitstätten.

90 [M1] **Parkas Outlet,** Verkių g. 29, Tel. 8 80029292, www.parkasoutlet.lt, tägl. 10-20 Uhr. Outletcenter für Markenartikel von Adidas bis Zara.

91 [J6] **VCUP,** Konstitucijos pr. 16, Tel. 5 2731515, www.cupvilnius.lt, tägl. 10-22 Uhr. Neues Shoppingzentrum in der Neustadt mit 180 Outlet-Läden und Restaurants.

Märkte

In und um Vilnius gibt es zahlreiche Märkte. Eine Übersicht gibt es auf www.vilnius-tourism.lt/de/erleben/einkaufen/markte. Touristisch interessant sind aber nur wenige:

92 [K11] **Halės turgus,** Pylimo g. 58, www.halesturgaviete.lt, Di.-Sa. 7-18, So. 7-15 Uhr. Der Markt hat seine Heimat in einer restaurierten Markthalle von 1906 mit alten Glasdächern, in der bummeln auf den 8400 m² fast mehr Spaß macht als einkaufen.

93 [K5] **Kalvarijų turgus,** Kalvarijų g. 61, www.kalvariju-turgus.lt, Di.-So. 8-16 Uhr. Regionale Produkte wie Käse, Honig oder Fleisch, aber auch Zierfische oder alte Fotoapparate.

94 [I8] **Kolekcionierių Klubas (Flohmarkt),** M.-Putino g. 5, Sa. 7-13 Uhr. Klassischer Flohmarkt, auf dem es gebrauchte Musikinstrumente ebenso gibt wie alte Möbel und Krimskram.

95 [M9] **Tymo Turgus (Alternativer Markt),** Aukštaičių g./Maironio g., April-Sept. Do. 10-16 Uhr. Bauern und Direktvermarkter.

Shoppingareale

Die wichtigsten Shoppingbereiche der Stadt sind im Kartenmaterial mit einer rötlichen Fläche markiert.

Ausgefallene Einkaufsideen

96 [L9] **Aukso Avis,** Pilies g. 38, Tel. 5 2610421, www.auksoavis.lt, Mo.-Sa. 11-19, So. 11-17 Uhr. Schöner Geschenkeladen, im Angebot sind fast ausnahmslos Arbeiten litauischer Künstler und Kunsthandwerker.

97 [K8] **Cheese Džiugas House,** Aušros Vartų g. 3, Tel. 52613403, www.dziugashouse.eu, tägl. 9-20 Uhr. Käseladen mit großer Auswahl litauischer Käse, die besten sind bis zu vier Jahre gereift.

98 [L9] **Julia Janus,** Stiklių g. 7, Tel. 52614346, www.juliajanus.com, Mo.-Fr. 11-19, Sa./So. 11-17 Uhr. Hochwertige Mode für Damen und Herren und Accessoires der litauischen Stardesignerin.

99 [K5] **Lino Kopos,** Krokuvos g. 6, www.giedrius.com, Mo.-Fr. 10-19, Sa. 10-16 Uhr. Schuhe, Taschen und Textilien für modebewusste Damen und Herren.

100 [L9] **Lino Namai,** Pilies g. 38, Tel. 5 2122322, www.siulas.lt, Mo.-Fr. 10-19, Sa, 10-18, So. 11-17 Uhr. Flagshipstore der ältesten Leinenfabrik Litauens, die ihre Produkte in Deutschland auch online vertreibt (www.leinenboutique.de).

101 [K10] **Rūdninkų Knygynas,** Rūdninkų g. 20, Tel. 5 2610266, www.rudninkuknygynas.lt, Mo.-Fr. 10-19, Sa. 10-17, So. 10-15 Uhr. Schallplattenparadies am Rand der Innenstadt. Vor allem Jazzfreunde kommen hier bei

EXTRATIPP

Blumen rund um die Uhr

Bunte Blüten überall! Von schlichten Löwenmäulchen bis zu teuren Orchideen finden sich hier Blumen aller Art, meist zu bunten Sträußen zusammengesteckt. Ideale Geschenke, wenn man irgendwo eingeladen ist, denn ein Blumenstrauß ist noch immer **eines der gängigsten Gastgeschenke** im Baltikum. Zur Auswahl stehen einfache Feldblumen ebenso wie seltene Rosenzüchtungen. **Nelken** sollte man allerdings keine kaufen, denn die werden noch immer mit der kommunistischen Vergangenheit in Verbindung gebracht. Der Markt liegt zwar etwas außerhalb des Stadtkerns, doch der Fußmarsch lohnt sich für alle Blumenfreunde. Preise sind Verhandlungssache!

106 [H9] **Gėlių turgus (Blumenmarkt),** J. Basanavičiaus g. 42, tgl. 24 Stunden geöffnet

EXTRATIPP

AJ Sokolades – das Pralinen-Paradies

Alle Süßmäulchen sollten sich den Namen merken! Er steht für **handgemachte Pralinen** und **feine Schokolade.** Die Manufaktur hat ihren Stammsitz in Trakai und beliefert jeden Tag eine Handvoll Geschäfte im Land. Mehr als fünfzig Sorten sind im Angebot. Zu den Läden der Manufaktur, in denen man alle Süßigkeiten auch bei einer Tasse Kaffee genießen kann, gehören u. a. auch Zweigstellen im Einkaufszentrum GO9 (s. S. 63) und ein Geschäft in der Pilies gatvė [L8]. „Rettet die Erde“, lautet der Firmenleitspruch, „es ist der einzige Planet, wo es Schokolade gibt“.

105 [I7] **AJ Sokolades,** Gedimino pr. 46, Tel. 5 2497122, www.ajsokoladas.lt, tägl. 8–20 Uhr

einem Kaffee auf ihre Kosten. Gelegentlich Ausstellungen und Konzerte.

102 [K8] **Tie Kepėjai,** Tilto g. 6, Tel. 68654302, www.kepejai.lt, Mo.–Fr. 12–18, Sa.10–15 Uhr. Für alle Süßmäulchen: Kekse, Muffins, Cupcakes, Macarons, Kuchen und Torten, nicht günstig, aber gut.

103 [L9] **Vilniaus Antikvaro Centras (Antiquitätenzentrum Vilnius),** Dominikonų g. 16, Tel. 5 2626476, www.antiques.lt, Mo.–Fr. 11–18, Sa. 11–15 Uhr. Kleines Antiquitätengeschäft, auf dessen Website man schon vorher einmal in aller Ruhe im Angebot stöbern kann.

Kunsthandwerk

Der litauische Staat hat sich die **Förderung alten Handwerks** auf die Fahnen geschrieben. Man sollte sich also nicht wundern, wenn man in dem einen oder anderen Geschäft Frauen am Webstuhl, Schmieden am Amboss, Keramikern an der Töpferscheibe oder Glasbläsern begegnet. Wer will, kann in Galerien und Betrieben **Kurse** belegen und sich so mit alten Handwerkstechniken vertraut machen. Das reicht vom Bemalen von Ostereiern bis zur filigranen Schmiedearbeit. **Lebendige Museen** sollen diese Werkstätten sein und den Besuchern zeigen, wie man früher gearbeitet hat. Und natürlich kann man alles kaufen, was auf diese Weise vor den Augen aller entsteht. Individuelle Souvenirs sind das auf alle Fälle, keine Ware von der Stange.

104 [K9] **Amatų gildija,** Pranciškonų g. 6, Tel. 5 2120520, www.amatugildija.lt, Di.–Sa. 11–19 Uhr. Töpferwerkstatt, in der man den Keramikern über die Schulter sehen, aber auch selbst Hand anlegen kann.

Öffnungszeiten

Litauen kennt **keine festen Ladenöffnungszeiten.** In der Regel haben die Geschäfte in den Innenstädten werktags zwischen 10 und 18 Uhr geöffnet. Das heißt aber auch, dass einige schon um 8 Uhr aufmachen und viele erst um 20 Uhr oder noch später schließen. Auch samstags und sonntags sind sehr viele Läden geöffnet. Einige Lebensmittelgroßmärkte stehen rund um die Uhr offen – allerdings wird von 20 Uhr bis 10 Uhr kein Alkohol mehr verkauft!

107 [K10] **Amatų ir menų centras „Nauja sirena“ (1),** Mėsinių g. 9, Tel. 5 2126601, www.sirena.lt, Mo.–Fr. 10–18.30, Sa. 11–16 Uhr. Für Liebhaber feinsten Leders: Taschen, Geldbörsen, Laptophüllen und vieles mehr. Ein zweiter Laden der Ledermanufaktur findet sich in Kaunas:

108 [fj] **Amatų ir menų centras „Nauja sirena“ (2),** A. Mickevičiaus g. 17, Kaunas, Mo.–Fr. 10–18.30 Uhr

109 [J9] **Auksakalių gildijos galerija „Meno niša“,** J. Basanavičiaus g. 1, Tel. 5 2313811, www.menonisa.lt, Di.–Fr. 12–18 Uhr, Sa. 12–16 Uhr. Künstlerisch wertvolle Goldschmiede- und Emaillearbeiten in Designerqualität.

110 [L9] **Galerija „Sauluva“,** Literatų g. 3, Tel. 68643906, www.sauluva.lt, Mo.–Fr. 10–19 Uhr. Litauisches Kunsthandwerk wie handbemalte Ostereier, getrocknete Palmwedel oder Schmuck. Weitere Zweigstellen in der Sv. Jono g.12 und der Pilies g. 21 und 36.

111 [L9] **Galerija „terra recognita“,** Stiklių g. 7, Tel.5 2313907, www.terrarecognita.lt, Mo.–Sa. 10–21, So. 10–20 Uhr. Lädchen mit Designerschmuck. Als Materialien dienen ausschließlich Silber und Natursteine.

112 [L9] **Galerija „Vitražo manufaktūra“,** Stiklių g. 6–8, Tel. 5 2121202, www.stainedglass.lt, Di.–Fr. 10–17, Fr. 10–19, Sa. 11–19 Uhr. Manufaktur, in der es Glaskunstwerke aller Art und schöne Tiffany-Arbeiten gibt, häufig auch Ausstellungen.

113 [J10] **Juodosios keramikos galerija-studija „Molio laumė“,** Naugarduko g. 20, Tel. 69942456, www.ceramics.w3.lt, Di.–Fr. 11–18, Sa. 11–17 Uhr. Schwarzkeramik, wie sie schon vor Jahrtausenden in Litauen gefertigt wurde. Höchst individuelle Geschenke!

114 [L9] **Manufaktura-galerija „Juratė“,** Didžioji g. 20, Tel. 5 2314005, www.jurate.eu, Mo.–Fr. 11–18, Sa. 11–16 Uhr. Kleine Ladengalerie am Rathausplatz, hochwertige Heimtextilien und Accessoires aus Flachs und Leinen.

115 [L9] **Senųjų amatų dirbtuvės,** Saviačiaus g. 10, Tel. 5 2125169, www.seniejiamatai.lt, Di.–So. 11–19 Uhr. Kunsthandwerksladen, der auch Workshops anbietet. Spezialität sind Leinenwaren.

116 [K9] **Studija-galerija „D'Arijaus Papuošalai“,** Dominikonų g. 7, Tel. 5 2123143, www.artbaltica.com, Di.–Fr. 12–18.30, Sa. 11–17 Uhr. Exklusiver, hochwertiger Schmuck. Die Galerie beherbergt gelegentlich auch Ausstellungen!

117 [I9] **Tautodailininko dirbtuve-salonas Klaidas Navickas,** J. Basanavičiaus g. 29, Tel. 8 68790650, www.klaidaspapercuts.lt, Mo.–Do. 17.30–20, Fr. 16–20 Uhr. In diesem Volkskunstladen pflegt der Künstler Klaidas Navickas die alte Kunst des Papierschnitts und andere seltene Handarbeitstechniken. Kurse jeden Freitag um 17 Uhr.

⊡ Es ist wie verhext – Naturbernstein oder Pressbernstein? Aber Bernsteinketten sind ja nicht die einzigen schönen Mitbringsel, die in Vilnius angeboten werden.

Bernstein – das „Gold der Balten"

Noch immer gehört Bernstein zu den beliebtesten ***Mitbringseln.*** *An vielen Ständen und in Geschäften wird er als Anhänger, Ohrring, Kette, Brosche oder Ring verkauft. Häufig wird er aber auch als Rohstein oder Handschmeichler angeboten, sagt der Volksglauben dem Stein doch* ***magische und heilende Kräfte*** *nach. Besonders geschätzt sind Exemplare, in denen Tiere oder Pflanzen eingeschlossen sind, sogenannte* ***Inklusen.*** *Da sie sehr selten sind, sind sie entsprechend teuer.*

Bernstein ist aber nicht gleich Bernstein: So gibt es den sogenannten ***Rohbernstein,*** *der in der Regel noch eine Verwitterungskruste aufweist.* ***Naturbernstein*** *ist ein geschliffener und polierter Stein, dessen innere Strukturen oder Farben im Naturzustand belassen wurden. Im Schmuckhandel kommt häufig* ***in Öl „klargekochter" Bernstein*** *zur Verwendung, der weicher und farbärmer als der naturbelassene Stein ist. Was im Handel als „Echter Bernstein", „Echtbernstein" oder „Ambroid" angeboten wird, ist genauer betrachtet meist „Pressbernstein". Dieser wird aus Schleifresten und kleinen Stückchen bei Temperaturen von bis zu 250 Grad Celsius unter Luftabschluss zusammengepresst. Optisch ist er vom Naturbernstein nur schwer zu unterscheiden.*

Im Gegensatz zu Imitationen aus Kunstharz lässt sich Bernstein ***leicht entzünden.*** *Dabei duftet er harzig-aromatisch, weshalb er immer wieder auch als eine Art Weihrauch zum Einsatz kommt. Bernstein wird ab ca. 180 Grad weich und formbar. Durch Reiben an Wolle, Seide oder Baumwolle lädt er sich schnell* ***elektrostatisch*** *auf und kann dann Papierschnipsel oder Wollfussel anziehen, was früher als einfacher Echtheitstest praktiziert wurde. Wissenschaftler wollen mehr als 200 verschiedene Farben im Bernstein entdeckt haben. Besonders schöne Steine finden sich im* ***Bernstein-Museum*** *(s. S. 51) in Vilnius, welches einen Einblick in die Geschichte des baltischen Goldes gibt und auch schöne Stücke zum Kauf bereithält.*

011vl Abb.: gs

Vilnius zum Träumen und Entspannen

Keine andere Metropole im Baltikum bietet mehr Grün als Vilnius. Rund 40 Prozent der Stadtfläche sind Parks und Wiesen, kleine Wälder und Gärten: Ruheräume für Sonnenanbeter und Frischluftfanatiker, aber auch Aktivzonen für Jogger, Biker oder Ballspieler. Die grünen Lungen werden das ganze Jahr über genutzt, auch im Winter, wenn Jung und Alt hier ihre Schneemänner bauen.

016vl Abb.: gs

Eine der beliebtesten Erholungsregionen ist der **Kalnų-Park** [M7] im Nordosten der Altstadt. Genau betrachtet besteht er aus mehreren Hügeln, welche die Einheimischen „Berge" nennen. Von ihnen bietet sich immer wieder ein prächtiger Blick auf die Altstadt, vor allem aber auf Vilnia und Neris. Am bekanntesten ist der **Berg der Drei Kreuze**, auf den ein Sträßchen führt. Er gilt als eines der Wahrzeichen der Stadt. Überzeugte Lokalpatrioten vergleichen die dort stehenden großen Kreuze gern mit der Christusstatue in Rio de Janeiro. Das ist zwar maßlos übertrieben, macht aber die Bedeutung des Platzes klar, denn mit dem Berg ist die Legende verbunden, dass heidnische Ureinwohner an dieser Stelle einige Franziskaner-Missionare brutal ermordet hätten. Geschichtlich erwiesen ist dies nicht, klar ist nur, dass im 17. Jh. hier drei Holzkreuze errichtet wurden, die 1916 durch Betonkreuze ersetzt wurden. 1951 wurden sie von den Sowjets gesprengt, ehe sie die selbstbewussten Litauer 1989 größer als je zuvor wieder aufstellten.

Noch näher am Stadtzentrum liegt der neu gestaltete **Bernardinų sodas** [M8], ein schöner Stadtpark, der früher als Sereikiškių-Park bekannt war. Zwischen dem Gediminas-Burgberg, dem Fluss Vilnia und dem Bernhardinerkloster ist er im Sommer ein beliebter Treffpunkt der Einheimischen.

Ganz groß wird Freizeit im **Vingio-Park** [D7–F8] im Westen der Stadt geschrieben, einem 162 Hektar gro-

◁ Stadtnah und beliebt: der Kalnų-Park [M7] mit dem Flüsschen Vilnia

ßen, bewaldeten Park an der Neris. In der frühen Neuzeit gehörte er einer Adelsfamilie, später dem Bischof und schließlich dem Generalgouverneur der Stadt, der sich im Kiefernwald seine Sommerresidenz bauen ließ. Ganz in der Nähe liegt auch der Botanische Garten der Universität, der mit seinen rund 9000 Pflanzen heute auch ein beliebtes Touristenziel ist.

•118 **Botanikos Sodas,** Kairėnų g. 43, Mai–Okt. tägl. 10–20, Nov.–April Mo.–Fr. 9–17, Sa. 9–16 Uhr, 3 €

Im Vingio-Park gibt es eine riesige Freiluftbühne, die alle paar Jahre Schauplatz des großen baltischen Sängertreffens ist. Aber auch Rockkonzerte, Papstmessen und historisch bedeutsame Veranstaltungen fanden hier bereits statt. Noch weiter westlich, zwischen den Stadtteilen Karoliniškės und Lazdynai, findet sich eine der jüngsten Parkanlagen, der **Pasakų-Park.** Er ist vor allem bei Kindern beliebt, die sich im **Märchenpark** (s. S. 116) über die vielen Holzskulpturen mit litauischen Märchenfiguren freuen können.

Auf der anderen Seite von Vilnius finden sich mit **Verkių-** und **Pavilnių-Park** zwei bei den Einheimischen beliebte Regionalparks mit schönen Panoramawegen. Besonders wohl fühlen sich hier im Winter die Skifahrer.

Wunderschöne **Wanderrouten** finden sich auch weiter außerhalb. Eine der beliebtesten startet am Verkių-Palast im Verkių-Park und führt über kleine Hügel an den sogenannten **Grünen Seen** entlang. Viele Gäste und Pilger werden auch von den **Vilniusser Kalvarien** angezogen, wo man auf 7 km Länge den Kreuzweg Christi gehen kann. Vorbei an kleinen Kapellen und Holzkreuzen, Stationen, die an die Passion erinnern.

Zur richtigen Zeit am richtigen Ort

Vilnius ist eine Stadt voller Lebenslust, das spiegelt sich auch im jährlichen, vor allem von Musik, Gesang und Tanz geprägten Veranstaltungskalender wider. Moderne Tanzensembles gastieren auf den großen Festivals, Folkloregruppen aus dem Baltikum treten den Sommer über auf Straßen und Plätzen auf. Je kürzer die Nächte, desto lebhafter geht es zu. Am ausgelassensten ist die Stimmung Ende Juni, wenn Litauen Sommersonnenwende feiert. Große Popularität genießen aber auch die Film- und Jazzfestivals, die Treffen der Literaten, Sänger und Tänzer.

› **Dreikönig:** Umzug der Heiligen Drei Könige vom Tor der Morgenröte zur Krippe auf dem Kathedralenplatz (6. Januar, www.vilnius-tourism.lt)
› **Fasching (Užgavėnės):** Mit bunten Maskenzügen feiert Vilnius seit 1995 wieder offiziell Fasching. Kreuz und quer ziehen die Narren durch die Altstadt, wo am Fastnachtsdienstag die Morė, eine große Lumpenpuppe, verbrannt wird (Fastnacht, www.etno.lt).
› **Kasimir-Jahrmarkt (Kaziukas):** Größter Kunsthandwerksmarkt des Landes in der Altstadt. Er soll an den Namenstag des Nationalheiligen Kasimir erinnern und wird seit Jahrhunderten am ersten Märzwochenende gefeiert (www.kaziukomugevilnius.lt).
› **Internationales Frühlings-Filmfestival:** Mit mehr als 50.000 Besuchern ist es der größte Cineasten-Treff des Landes. Zwei Wochen lang laufen die besten Filme der Welt in den Kinos der Stadt (März/April, www.kinopavasaris.lt).
› **New Baltic Dance:** Internationales Tanzfestival und gleichzeitig das größte Festival zeitgenössischen Tanzes im Baltikum. Schauplatz ist vor allem das

Allgemeine Feiertage

An Feiertagen wird in Litauen nicht gearbeitet. Fallen sie auf einen Donnerstag oder Dienstag, gilt in vielen Behörden Freitag oder Montag als Brückentag, der am Samstag zuvor ausgeglichen wird.

- 1. Januar: **Neujahr**
- 16. Februar: **Tag der Eigenstaatlichkeit** (1918)
- 11. März: **Wiedererlangung der Unabhängigkeit** (1990)
- **Muttertag** (1. Sonntag im Mai)
- **Ostersonntag** und **-montag**
- 1. Mai: **Tag der Arbeit**
- **Vatertag** (1. Sonntag im Juni)
- 24. Juni: **Johannisfest**
- 6. Juli: **Jahrestag der Krönung des Königs Mindaugas**
- 15. August: **Mariä Himmelfahrt**
- 1. November: **Allerheiligen**
- 25. und 26. Dezember: **Weihnachten**

Litauische Nationaltheater (Mai, www.dance.lt).

- **Straßenmusik-Festival:** Einmal jährlich gehören die Straßen der Stadt den Musikern (Mai, www.gmd.lt).
- **Trakai-Halbmarathon:** Volkslauf rund um die berühmte Wasserburg über die Halbmarathon- und kürzere Strecken. Für Familien mit Kindern gibt es einen eigenen Parcour (Mai, www.trakupusmaratonis.lt).
- **Internationales Festival des modernen Tanzes:** Moderne Tanzkunst präsentieren jährlich Ensembles aus ganz Europa (Mai, www.newbalticdance.lt).
- **Folklorefestival „Skamba Skamba Kankliai":** Freiluftfestival im Sereikiskiu-Park und in der Altstadt (letzte Maiwoche, www.etno.lt)
- **Art Vilnius:** Internationale Messe für zeitgenössische Kunst (Juni, www.artvilnius.com)
- **Mittelalterfestival Trakai:** Historienspektakel für Alt und Jung. Ein Wochenende lang regieren Ritter, Gaukler und Handwerker (Juni, www.trakaimuziejus.lt).
- **Johannisfest:** Freiluftpartys krönen die kürzeste Nacht des Jahres. Epizentrum ist der Verkių-Park (www.pavilniai-verkiai.lt). Besonders ausgelassen geht es auch in Kernavė zu, wo Tausende mit Spiel und Tanz die Sommersonne begrüßen (23. Juni, www.kernave.org).
- **Nationalfeiertag:** Folkloreschau in Erinnerung an den Krönungstag des Königs Mindaugas, der als Staatsgründer gilt (6. Juli, www.president.lt)
- **Christopher Summer Festival:** Festival für klassische Musik, Chor- und Orgelkonzerte mit internationaler Beteiligung (Juli–August, www.kristupofestivaliai.lt)
- **Stadtfest:** Vilnius wie es singt, lacht und feiert! Größtes litauisches Volksfest in Erinnerung an den Stadtgründer auf dem Gediminio-Boulevard (Ende August, www.vilniusfestivals.lt).
- **Vilnius Marathon:** Massenlauf quer durch die Stadt, auch als Halbmarathon im Angebot (zweites Septemberwochenende, www.vilniausmaratonas.lt)
- **Vilnius Jazz:** Ältestes Jazzfestival des Landes (Oktober, www.vilniusjazz.lt)
- **Vilnius Mama Jazz:** Internationales Musikfestival (November, www.vilniuscityjazz.lt)
- **Vilnius Gospel Festival:** Das 2001 etablierte Festival präsentiert Gospelchöre auf verschiedenen Bühnen der Stadt (Mitte November, www.vilniusgospel.lt).
- **Advent bis Dreikönig:** Christbaum und Krippe auf dem Kathedralenplatz, Weihnachtsstände und Kirchenkonzerte (www.vilniusfestivals.lt)

VILNIUS VERSTEHEN

105vl Abb.: gs

Vilnius ist die wichtigste und größte Stadt des Landes, Hauptstadt der Republik Litauen, Verwaltungszentrum und Kulturmetropole. In ihr werden die Weichen für Wirtschaft und Politik gestellt, hier haben Staatspräsidentin, Parlament, Regierung und höchste Gerichte ihren Sitz. Historische Bauten prägen die Stadt ebenso wie moderne Wolkenkratzer. Hinter gotischen Mauern und barocken Decken hat aber auch längst das Computerzeitalter Einzug gehalten.

Vilnius – ein Porträt

Als Stadt zwischen West und Ost, als Bindeglied Europas, sieht sich Vilnius heute gern – eine Metropole, die Jahrzehnte im Abseits lag, inzwischen aber immer mehr in den Mittelpunkt rückt. „Keiner weiß, wo es genau liegt," hat ein englischer Reporter diese Neuentdeckung beschrieben, „aber wenn man es gefunden hat, ist man begeistert". Sechs Kilometer von der historischen Altstadt entfernt liegt nach neuesten Berechnungen das geografische Zentrum Europas. Dabei wurden allerdings die Azoren und alle europäischen Teile, die geografisch zu Afrika oder Asien gehören – wie die Kanarischen Inseln oder einige griechische Eilande vor der türkischen Küste – außen vor gelassen.

Vorseite: *Lebensquell in der Altstadt – der große Platz vor dem ehemaligen Rathaus, heute Ort von Ausstellungen und Konzerten*

KURZ & KNAPP

Die Stadt in Zahlen

- **Gegründet:** 14. Jahrhundert
- **Einwohner:** 575.000
- **Einwohner/km²:** 1432
- **Fläche:** 401 km²
- **Höhe ü. M.:** 112 Meter

Wie **Europas geografischer Mittelpunkt** hat sich auch **Vilnius** in den letzten Jahren neu verortet. Seit der Unabhängigkeit Litauens ist die Stadt zum Aushängeschild des Landes geworden und zur Vorzeigemetropole eines Volkes, das zu den zahlenmäßig kleinsten Europas zählt. Fremde Besatzer, Revolutionen, Krieg und Verderben, Massaker und Elend haben die Stadt über Jahrhunderte immer wieder heimgesucht, ihren Stolz aber konnte keiner brechen. Auch nicht das **Selbstbewusstsein**, das sich in gotischen und barocken Bauten wie dem wiederaufgebauten Großfürstenpalast ebenso niederschlägt wie in breiten Prachtboulevards oder gläsernen Wolkenkratzern. Kronjuwel ist die historische Altstadt, die seit 1994 den Schutz des Weltkulturerbes genießt.

Aus dem mittelalterlichen Dörfchen am Zusammenfluss von Neris und Vilnia ist längst eine **Großstadt mit fast 600.000 Einwohnern** und über **400 km² Fläche** geworden. Die Stadt ist in 21 Stadtbezirke aufgeteilt, von denen fast jeder sein eigenes Gesicht hat. Das touristisch schönste zeigt sich mit der **Altstadt,** die man problemlos zu Fuß erobern kann. Auch eine Erkundung per Rad bietet sich an: Vilnius ist von von Jahr zu Jahr mehr werdenden breiten Radwegen durchzogen.

Weniger als früher fallen heute die **Autos** auf. An den wichtigsten Stellen sind die Blechkisten in Tiefgaragen verschwunden, den Rest hat man in Hinterhöfen versteckt. Hohe Parkgebühren, zu Spitzenzeiten immer verstopfte Straßen und ein für Fremde wenig durchsichtiges Netz von Einbahnstraßen verleiden das Autofahren zusätzlich.

Blickfang der Altstadt ist der weithin sichtbare Burgberg mit dem Gediminas-Turm, von dem man vielleicht die schönste Aussicht auf die Altstadt von Vilnius hat.

Richtung Norden schaut man auf die **Neustadt** mit ihren Hochhäusern, Einkaufszentren und dem modernen Rathaus. Hier hat das Vilnius der Zukunft Gestalt angenommen, die Stadt der Glas- und Stahlpaläste, in denen die Gelder großer Immobilienfonds stecken. Noch weiter weg liegen die **Trabantenstädte** mit ihren Plattenbauten, die Schlaf- und Wohnstätten vieler Zehntausend Menschen, die sich die teuren Mieten in der Innenstadt nicht (mehr) leisten können. Hier hat Vilnius wieder ein anderes Gesicht. Eines, das kaum einer der Touristen zu sehen bekommt. Es sei denn, dass Neugier und Abenteuerlust ihn dorthin verschlagen.

018vl Abb.: gs

Litauens populärstes Pilgerziel: das Tor der Morgenröte 21

019vl Abb.: gs

Wappen und Reliefs spiegeln die lange Geschichte der Stadt wider

Von den Anfängen bis zur Gegenwart

Über die Anfänge der Städte Vilnius und Kaunas weiß man wenig. Kein Wunder, dass die Legenden blühen. Eine ist die vom Eisernen Wolf (s. S. 16). Sie erzählt von Gediminas, einem litauischen Großfürsten, dem die Gründung der Stadt Vilnius im Traum suggeriert worden sein soll. Archäologische Ausgrabungen erzählen die Geschichte freilich etwas anders. Danach sollen schon in der Steinzeit am Zusammenfluss von Vilnia und Neris Menschen gesiedelt haben. Später auch in Kaunas, wo der Zusammenfluss von Memel und Neris ebenfalls die ersten Siedler lockte.

Greifbarer wird die Historie beider Städte im **Mittelalter**, als sich in den Metropolen des litauischen Großfürstentums die ersten großen **Handelswege** kreuzten. Jetzt war eine Stadtpolitik gefragt, die vor allem von wirtschaftlichen Interessen geleitet war, was schon damals **Expansion** bedeutete. **Großfürst Gediminas** (ca. 1275–1341), ein Nachfahre des populären Königs Mindaugas (ca. 1203–1263), verschickte Briefe in den Westen Europas. In ihnen lud er Kaufleute, Fischer und Handwerker zur Arbeit nach **Vilnius** ein. Dafür versprach er ihnen Landbesitz und Steuervorteile. Da diese 1323 verschickten Briefe erstmals den Stadtnamen Vilnius erwähnen, gelten sie als eine Art **Gründungsurkunde** der Stadt.

Kaunas fand erstmals 1361 in den Chroniken des **Deutschen Ordens** Erwähnung, der Anspruch auf eine an den Flussmündungen entstandene Festung erhob. Immer wieder gab es deshalb Auseinandersetzungen mit den Kreuzrittern, die auch Vilnius mehrmals attackierten. Erst 1410 war der Streit beendet, als die inzwischen mit Polen eine Union bildenden Litauer die Deutschen in der Schlacht bei Tannenberg entscheidend schlugen.

Damit war der Weg für den **wirtschaftlichen Aufschwung** endgültig frei, Handel und Handwerk begannen in beiden Städten zu blühen. Die Einwohnerzahlen stiegen, Brücken und Straßen entstanden, genau wie Schulen, Krankenhäuser und Stadtmauern mit großen und kleinen Toren. Ende des 16. Jahrhunderts zählte Vilnius rund 35.000 Einwohner. Chronisten verglichen die Stadt damals gern mit Florenz oder Mailand, was vor allem an der Lebensart lag – und an den prachtvollen **Renaissancebauten**, die überall entstanden.

Mit dem **Unionsvertrag zwischen Polen und Litauen** anno 1569 verlor das Großfürstentum Litauen einen Teil seiner Souveränität. Das Machtvakuum nutzten schließlich **Russen und Schweden**, die Mitte des 17. Jh. mit ihren Truppen immer wieder gewaltsam in Vilnius und Kaunas eindrangen. Zudem setzten **Pest, Überschwemmungen** und **Großbrände** den Städten zu.

1795 wurde Litauen als **Provinz von Russland** einverleibt, Kaunas wurde zur Grenzfestung zwischen Preußen und dem russischen Reich. Der Zar plante neue Straßen und Häuser, wofür er viel Platz brauchte. In Vilnius wurden Obere und Untere Burg samt den Resten des Großfürstenpalastes abgetragen und die Stadtmauern geschleift. Viele bis dahin katholischen Gotteshäuser wurden geschlossen oder in orthodoxe Kirchen umgewandelt. Klöster mussten ebenfalls die Pforten schließen, ihre Räume übernahm das Militär als Lagerhallen.

Langsam **wuchsen die Städte** weiter. Nach Moskau und Sankt Petersburg war Vilnius die drittgrößte Stadt im russischen Riesenreich. Kaunas profitierte von seiner Rolle als „Scharnier" zum westlichen Europa.

Neue schnelle Eisenbahnverbindungen, Telegrafenleitungen und erste Kraftwerke bildeten die Grundlage für den nächsten **Wirtschaftsaufschwung.** Allein in Vilnius verdoppelte sich die Bevölkerung zwischen den Jahren 1885 und 1909. Immer mehr Russen strömten in die Stadt – und Tausende von Juden, deren Gebetshäuser mehr und mehr das Bild bestimmten. Leidtragende der Zarenherrschaft dagegen waren die Polen, die in Scharen auswanderten – vor allem, nachdem die Russen in den Grundschulen die polnische Sprache verboten hatten. Aber auch die Litauer, wie die Polen meist katholisch, waren nicht mehr gut angesehen. Ihre Sprache wurde zum Dialekt erklärt, verlor ihre offizielle Wertschätzung. **Diskriminierungen** waren es schließlich, die das litauische Volk zusammenschweißten und die Wurzeln für ein neues nationales Bewusstsein bildeten.

1915 besetzten **deutsche Truppen** Litauen. Die Russen wurden aus Kaunas und Vilnius verdrängt. Den Unabhängigkeitsgeist der Litauer aber konnten auch die neuen Machthaber nicht bremsen, die Litauens Souveränität nur dann anerkennen wollten, wenn das Land sich ökonomisch und militärisch ins Deutsche Reich eingliederte. Da es zu keiner Einigung kam, verkündete am 16. Februar 1918 ein zwanzigköpfiger „Rat der Litauer" die **Unabhängigkeit Litauens.**

Die junge litauische Republik aber währte nicht lange. **Polen** erhob territoriale Ansprüche auf die Gebiete um Vilnius und besetzte deshalb 1920 die Metropole. **Neue provisorische Hauptstadt** wurde so **Kaunas**, das sich mit der Verlagerung des Regierungssitzes endgültig zur Großstadt mauserte. Ein Opern- und ein Schauspielhaus entstanden, außerdem die erste litauischsprachige Universität, Museen, ein Zoo und ein botanischer Garten. Prächtige Villen und schmucke Bürgerhäuser spiegelten den neuen Status. Alte Häuser wurden renoviert, die Vorstädte auf der anderen Seite von Neris und Memel durch Brücken an die Stadt angebunden.

1939 machte der **Hitler-Stalin-Pakt** den Weg für eine weitere russische Machtübernahme in Litauen frei. Als **Litauische Sozialistische Sowjetrepublik** wurde das Land in die Sowjetunion eingegliedert. 1941 besetzten die Nationalsozialisten im Rahmen des **Zweiten Weltkrieges** schließlich Litauen im Blitzkrieg. Für Zehntausende von Menschen bedeutete das den Tod, Zwangsarbeit oder Deportation. Tausende von Juden wurden in den Gettos von Vilnius und Kaunas zusammengepfercht, das die Nazis in Kauen umtauften. Im Herbst 1944 eroberte die Rote Armee Litauen zurück und die Litauische Sozialistische Sowjetrepublik wurde wiederhergestellt.

Im Zuge **stalinistischer Massensäuberungen** wurden Zehntausende von Menschen umgesiedelt und viele in sibirische Arbeitslager gesteckt. Russen, Weißrussen und Ukrainer, auch Juden aus der Sowjetunion wurden neu angesiedelt. **Vilnius** war jetzt wieder **Parlamentssitz. Kaunas** machte als neue **Industriemetropole** von sich reden, in der die Sowjets wichtige Rüstungsgüter produzierten, weshalb die Stadt für Touristen so gut wie nicht mehr zugänglich war.

Die **Sehnsucht** der Litauer **nach Freiheit und Unabhängigkeit** wurde von vielen Exillitauern und der katholischen Kirche geschürt, welche die Protestbewegung nach Kräften unterstützten. Mit der Selbstverbrennung des Studenten Romas Kalanta vor dem Theater in Kaunas im Frühjahr 1972 und den anschließenden Straßenunruhen fand die **Widerstandsbewegung** gegen die Sowjets erstmals auch außerhalb Litauens Aufmerksamkeit. Glasnost und Perestroika – Michail Gorbatschows Politik war schließlich ein neuer Hoffnungsschimmer auf dem Weg zu mehr Souveränität. Im Februar 1990 fanden **die ersten freien Wahlen** statt, die diesen Namen auch verdient hatten. Ihr Sieger wurde die **Unabhängigkeitsbewegung Sąjūdis** mit dem populären Musik-

O2Ovl Abb.: gs

wissenschaftler Vytautas Landsbergis an der Spitze, der später erstes Staatsoberhaupt der unabhängigen Republik werden sollte. Doch Moskau ließ sich nicht nur Zeit, Litauen in die Selbstständigkeit zu entlassen, sondern der Kreml versuchte mit einer **Wirtschaftsblockade**, den Unabhängigkeitsprozess zu stoppen. Im Januar 1991 starteten moskautreue Kräfte mit Unterstützung sowjetischer Soldaten sogar einen Putsch gegen die litauische Regierung. Beim sogenannten **Vilniusser Blutsonntag** starben 14 Menschen, die Parlament und Fernsehturm verteidigt hatten.

Erst Ende August 1991 zogen sich die sowjetischen Truppen großteils aus dem Land zurück und die Einwohner von Vilnius stürzten die riesige Leninfigur auf dem Lukiškių-Platz vom Sockel. Mit der **Unabhängigkeit** kam die weitgehende **Privatisierung der Staatswirtschaft**, die **Einführung einer eigenen Währung**, und die **Mitgliedschaften in NATO** und **Europäischer Union.**

Anfang des neuen Jahrtausends gehörte die Wirtschaft Litauens zu der am schnellsten wachsenden Europas, allerdings stürzte die **Wirtschaftskrise** das Land finanziell genauso schnell nach unten, sodass sich Vilnius 2009 als **Kulturhauptstadt Europas** weit weniger glanzvoll präsentieren konnte als geplant. Nur radikale Sparmaßnahmen garantierten das wirtschaftliche Überleben. So wurden die staatlichen Löhne und Renten kräftig gekürzt, das Rentenalter angehoben und die Mehrwertsteuer erhöht. Maßnahmen, die mit einem Anstieg der **Arbeitslosigkeit** einhergingen – und mit einem **Exodus** vieler Menschen ins Ausland. So verlor Litauen mehr als eine halbe Million meist junger Männer und Frauen, was die Einwohnerzahl des Landes unter die 3-Millionen-Grenze sinken ließ.

Inzwischen zählt Litauens Volkswirtschaft zu den am stärksten wachsenden in der Europäischen Union und die Arbeitslosenquote ist auf unter sieben Prozent gesunken. Unter den osteuropäischen Staaten gelten die Litauer, zumindest was ihren Staatshaushalt angeht, inzwischen als Musterschüler. Nach dem Ausscheiden Großbritanniens aus der EU fürchtet man aber, dass die Entwicklungshilfe aus Brüssel wegen des schrumpfenden EU-Haushalts ausbleiben und Litauens Aufschwung kräftig gebremst werden könnte.

Vilnius – Stadtgeschichte in Zahlen

1323: offizielles Gründungsjahr der Stadt
1402: Deutsche Ordensritter erobern Vilnius.
1522: Die erste Druckerei geht in Betrieb.
1562: Vilnius erhält eine Postverbindung über Wien nach Venedig.
1610: Ein Großbrand zerstört 5000 Häuser.
1655: Das russische Zarenheer stürmt die Stadt.
1702: Schwedische Truppen besetzen Vilnius.
1760: Die erste eigene Zeitung der Stadt erscheint.
1795: Vilnius wird Teil des russischen Zarenreiches.
1812: Napoleon besetzt Vilnius.
1834: Die Telegrafenleitung von St. Petersburg über Vilnius nach Warschau wird eröffnet.
1860: Vilnius findet Anschluss ans Eisenbahnnetz.
1896: 150 Bürger teilen sich die ersten Telefonanschlüsse der Stadt.
1915: Deutsche Truppen besetzen die Stadt.
1944: Die Rote Armee erobert Vilnius.
1957: erste Fernsehsendung aus Vilnius
1990: parlamentarische Proklamierung der Unabhängigkeit
2009: Vilnius wird Kulturhauptstadt Europas.
2018: Papst Franziskus besucht Vilnius und Kaunas.

◁ Noch heute erinnern Barrikaden vor dem Parlamentsgebäude am Gedimino-Boulevard (25) an den letzten Unabhängigkeitskampf der Litauer

Leben in Vilnius

Vilnius ist eine stolze Stadt! Das spürt man zum Beispiel an den langen Sommersamstagen, wenn sich die Hochzeitspaare mit ihren Angehörigen und Freunden vor den wichtigsten Sehenswürdigkeiten der Stadt öffentlich den Fotografen stellen. Spätestens dann merkt auch der zufällig vorbeikommende Flaneur, wie sehr die Menschen in Vilnius ihre Stadt ins Herz geschlossen haben. In fast drei Jahrzehnten ist aus der einstigen Sowjetsiedlung eine unabhängige und lebensfrohe Landeshauptstadt geworden, vor allem aber auch eine weltstädtische Metropole.

Vilnius ist ein **Schmelztiegel**, Menschen aus mehr als 100 Nationen sind hier zu Hause. Anders als in Kaunas, wo neun von zehn Einwohnern geborene Litauer sind, machen sie in der Landeshauptstadt nur gut die Hälfte der Bevölkerung aus. Der Rest sind Polen, Russen, Juden und Weißrussen, dazu Bürger aus vielen Dutzend anderen Nationen. Menschen aus allen Kontinenten, die in diplomatischen Diensten stehen, als Vertreter großer Weltfirmen in Litauen arbeiten oder die das Leben sonstwie in die größte Stadt des Landes verschlagen hat.

Fröhlichkeit und **Herzlichkeit** sagt man den Litauern nach. Ein Wesen, das sich – früher allerdings mehr als heute – nicht selten hinter einer oberflächlich anmutenden **Zurückhaltung** versteckt. Wer einen Litauer aber erst einmal als Freund gewonnen hat, wird ihn sein Leben lang behalten – zumindest, wenn er sich um die Freundschaft bemüht.

Auf auswärtige Besucher wirkt **Litauisch**, die heute in der Stadt dominierende Sprache, oft seltsam.

106vl Abb.: gs

Rau wie Bernstein sei sie, heißt es, weit ab von mediterraner Klangfülle. Sprachprobleme gibt es für Besucher trotzdem kaum, denn die jüngeren Litauer sprechen fast alle Englisch, das heute in den Schulen in der Regel erste Fremdsprache ist. Neben Deutsch oder Französisch – Sprachen, die freilich weit weniger genutzt werden. Russisch spielt kaum noch eine Rolle, obwohl es als Fremdsprache in den Schulen noch immer angeboten wird.

Waren früher Großfamilien, in denen mehrere Generationen gewöhnlich unter einem Dach lebten, die Regel, hat sich heute auch in Vilnius die **Kleinfamilie** durchgesetzt. Das liegt vor allem an den **Frauen,** die zu einem Großteil berufstätig sind. Die Beschäftigungsmöglichkeiten in Vilnius kommen dem weiblichen Alltag entgegen, denn ein Großteil der Bewohner arbeitet heute im **Dienstleistungsbereich,** von dem immer mehr Bürohochhäuser und Verwaltungszentren zeugen. Die Industrie fällt nicht mehr so sehr wie früher ins Gewicht.

Die Struktur einer modernen Großstadt spiegelt auch das **Einkommen** wider. So liegen die Gehälter in der Hauptstadt in der Regel über denen im übrigen Land. Knapp 900 Euro beträgt das Durchschnittseinkommen in Litauen – in Vilnius deutlich über 1000 Euro. Damit ist man aber noch immer weit von den Einkommen im

Sieben von zehn Litauern sind katholisch, die Ausstattung der Kirchen in der Hauptstadt zeugt von großem Prunk

westlichen Europa entfernt. Inzwischen hat man den Mindestlohn auf 400 € monatlich festgelegt.

Auch wenn Touristen die **Arbeitslosigkeit** in der Hauptstadt weit weniger spüren als auf dem Land, wo jeder Dritte unter der Armutsgrenze lebt, die **Armen** sind auch in Vilnius überall sichtbar. Fast jeder Vierte lebt auch hier am Rande des Existenzminimums. In der Großstadt Vilnius sieht man diese Menschen Tag für Tag die Mülleimer durchsuchen. Jedes Stadtviertel kennt diese sogenannten „Sanitäre". Menschen, denen auch ein Tourist begegen kann – ebenso wie den **Bettlern**, die vor fast jeder Kirche dem Besucher ihre Hände entgegenstrecken.

Auffallend ist auch das **kirchliche Leben** in der Stadt – auch wenn nach einer aktuellen Umfrage nur noch die Hälfte aller Litauer an Gott glaubt. Sonntags sind viele Kirchen noch immer gut besucht, die katholischen ebenso wie die orthodoxen. Und die Kirche begleitet die Bürger auch bei den wichtigsten Einschnitten im Leben, liefert mit Taufe und Beerdigung den würdigen Rahmen für Geburt und Tod. Vor allem aber sind die Gotteshäuser Schauplatz großer Hochzeiten, welche in Litauen, das Statistikern als Europas Heiratsparadies gilt, besonders ausgelassen gefeiert werden. Für jedes zweite Paar aber ist es längst nicht mehr der Bund fürs ganze Leben, werden in Vilnius doch die Hälfte aller Ehen wieder geschieden.

Diese Lust am Leben spiegeln auch andere Zahlen der Eurostatistiker wider. So geben die Litauer fast ein Viertel ihres Einkommens für **Essen und Trinken** aus, prozentual fast doppelt so viel wie etwa die Deutschen. Und auch für Mode – daran erinnern die vielen Boutiquen nicht nur in Vilnius – geben vor allem die litauischen Damen inzwischen deutlich mehr aus als die meisten Europäer.

Auch die **Arbeitswelt** hat sich seit der Unabhängigkeit dramatisch verändert. Die Marktwirtschaft hat die sozialistische Planwirtschaft abgelöst. Jobs auf Lebenszeit, wie sie früher üblich waren, gibt es immer weniger.

Auf der anderen Seite ist mit der unabhängigen Republik Litauen im Dreieck zwischen Skandinavien, Russland und Zentraleuropa ein **neues Zentrum** entstanden. Keine Freihandelszone, aber ein Staat, der seine Gesetzgebung **wirtschaftlichem Wachstum** angepasst hat. Ladenöffnungszeiten rund um die Uhr sind da nur ein Teil davon. Hinzu kommt eine fast perfekte **drahtlose Kommunikationsstruktur.** Keine andere europäische Hauptstadt verfügt über ein so dichtes und schnelles WLAN-Netz wie die Hauptstadt Litauens.

Vilnius muss sich heute nicht hinter anderen osteuropäischen Metropolen, hinter touristisch überlaufenen Städten wie Prag oder Krakau verstecken, denn stärker als dort darf sich der Besucher in Litauens Hauptstadt als Gast fühlen, nicht nur als zahlungskräftiger Devisenbringer. Zudem stimmt (noch) das **Preis-Leistungs-Verhältnis.** Ein Vilnius-Besuch schlägt weit weniger große Löcher in die Reisekasse als ein Urlaub in Mailand oder London, Paris oder Rom. Natürlich kann man, was Museen, Freizeiteinrichtungen und Unterhaltungsangebote angeht, die litauische Metropole nicht mit diesen Städten gleichsetzen. Ihre touristische Infrastruktur aber, gespeist von großer **Gastfreundlichkeit,** kann sich auch im Vergleich mit anderen großen Städtereisezielen Europas sehen lassen.

Rom des Nordens – Jerusalem des Nordens

„Rom des Nordens" oder auch „Jerusalem des Nordens" sind zwei Bezeichnungen, mit denen Journalisten Vilnius gern schmücken, denn Gotteshäuser prägen die Silhouette der Stadt. Unübersehbar ragen ihre Türme in den Himmel und ihre Glocken künden vom Glauben. Katholiken, Protestanten, Juden, russisch-orthodoxe Christen und andere religiöse Gemeinschaften existieren hier seit Jahrhunderten nebeneinander und sind auch heute noch ein Beispiel für gelebte Toleranz.

Fast von jedem Standort in Vilnius – so heißt es – kann man drei Kreuze sehen. **Mehr als fünfzig Kirchen** und **Gebetshäuser** zählt die Stadt noch heute. Es gibt große und kleine Bauten, kunsthistorisch wichtige und weniger bedeutende. Allesamt sind es aber Häuser, in denen die Menschen noch heute die **Nähe zu Gott** suchen. Hier werden nicht nur Gottesdienste, Taufen und Hochzeiten gefeiert, sondern auch gebetet und sich besonnen. Fast immer trifft der Kirchenbesucher in Vilnius so auf Menschen, die vor Christus- und Heiligenbildern knien – oder vor der Muttergottes, die in Litauen besonders große Verehrung genießt.

Selbst das Heidentum wurde in Vilnius mit „religiöser" Inbrunst zelebriert. Schließlich galt die Stadt noch als ein paganer Ort, als in anderen osteuropäischen Großstädten schon längst Christen den Ton angaben. Doch schon bald verschmolzen die heidnischen Sitten mit westlichem und östlichem Christentum. Damit war der Grundstein für eine **multireligiöse und multikulturelle Metropole** gelegt, in der für Christen ebenso Platz war wie für Muslime, Karäer oder Juden, die alle ihre eigenen Gebetshäuser hatten. Die größten gehörten den christlichen Orden, von deren Wirken bis heute die schönsten Kirchen der Stadt zeugen. So hatten die **Franziskaner** entscheidenden Anteil an der Christianisierung Litauens und auch der erste in Vilnius residierende Bischof, den Papst Urban 1388 zum Oberhirten ernannt hatte, war ein Franziskaner. Auch die **Dominikaner** hatten immer wieder versucht, in der Stadt ein eigenes Kloster zu gründen, konnten dies aber erst relativ spät verwirklichen – 1501 übernahmen sie die Heilig-Geist-Kirche. Und auch die **Karmeliter** brauchten bis Anfang des 16. Jahrhunderts, um in der Stadt Fuß zu fassen.

Eine innige Volksfrömmigkeit, immer wieder und gern als Bauernglaube verspottet, prägte bis zur Reformation das Leben in der Stadt. „Die Städter pflegen seltsame religiöse Bräuche", schrieb der flämische Maler Franz Hogenberg 1576 nach seinem Vilnius-Besuch. „Frömmig lauschen sie den Predigten, beobachten jede Bewegung und Geste des Pfarrers, so wie die Erhebung der Hostie, voller Bewunderung. Sie beten wie Besessene, indem sie sich an die Brust oder ins Gesicht schlagen. Alle, die die Nacht vorher gesündigt hatten, bleiben vor dem Gotteshaus und sehen dem Priester bei der Messe zu (...)."

Die **Reformation** zeigte auch in Vilnius Wirkung. Die Antwort war die **Gegenreformation**, die ebenfalls von den Orden forciert wurde, vor allem von den Jesuiten, die 1604 mit dem Bau der **Kasimirkirche** begonnen hatten. Zwei Jahre vorher hatte der Papst Kasimir heiliggesprochen und

damit den Grundstein für die bis heute anhaltende Verehrung des Heiligen gelegt (s. S. 19). Die Kasimirkirche war eines der ersten großen barocken Bauwerke außerhalb Italiens, ein Prachtbau, in dem der Patron des Landes seine erste Ruhestätte fand (er wurde noch mehrmals umgebettet). Im Lauf der Jahre entstanden weitere **barocke Kirchen**, die der Stadt den Beinamen **„Rom des Nordens"** einbrachten. Gotteshäuser, die im Schatten des orthodoxen Riesenreiches Russland vom römisch-katholischen Glauben zeugen sollten, aber auch vom Aufschwung der Stadt, von zunehmendem Wohlstand und kultureller Blüte. Das lag auch daran, dass sich ihre weltlichen Regenten **religiöse Toleranz** auf ihre Fahnen geschrieben hatten und verschiedenste Glaubensrichtungen in Vilnius duldeten. So zählten Chronisten Ende des 18. Jh. bei nicht einmal 20.000 Einwohnern 32 katholische Kirchen und 28 Klöster, ein orthodoxes Gotteshaus, sieben protestantische Kirchen, eine evangelisch-reformierte und eine lutherische Kirche sowie drei Synagogen.

Im 17. und 18. Jahrhundert reifte die **jüdische Gemeinschaft** in Vilnius, die Stadt wurde Hort eines weltoffenen Judentums, das jiddische „Vilne" schnell geistiges Oberzentrum der Juden Osteuropas. Auch wenn in Warschau rein zahlenmäßig mehr Juden lebten, wurde Vilnius zum **„Jerusalem des Nordens"** (manche sprechen auch vom „Jerusalem des Ostens"). In der Zeit zwischen den beiden Weltkriegen zählte die Stadt mehr als 100 jüdische Gebetshäuser, fast jeder dritte Einwohner war jüdischen Glaubens. Es gab jiddisch-hebräische Zeitungen, ein jüdisches Theater, wissenschaftliche Institute, die Albert

⌃ *Religion und der Kirchgang spielten schon immer eine große Rolle in der Geschichte der Stadt*

Einstein und Sigmund Freud zu ihren Förderern zählten, und rund 160 Vereine, die das jüdische Erbe kulturell pflegten. Auch heute gibt es wieder eine größere jüdische Gemeinschaft in der Stadt, die mit Christen und Orthodoxen, Muslimen, Hindus und anderen Religionen gut zusammenlebt. In der Vielvölkerstadt Vilnius ist die Religion zum **verbindenden Element** geworden. Toleranz heißt ihr gemeinsamer Nenner, Achtung vor dem Andersdenkenden. Eine moralische Haltung, die einst auch die Mitglieder der Unabhängigkeitsbewegung des Landes zusammenschweißte und die auch **Papst Franziskus** lobte, der im Herbst 2018 Vilnius und Kaunas einen zweitägigen Besuch abstattete.

Viele Kirchen in Vilnius haben immer wieder ihre **Besitzer gewechselt.** Vor allem im Zarenreich wurden katholische Kirchen zu orthodoxen Gotteshäusern. Unter sowjetischer Besatzung wurden Kirchen und Klöster enteignet und erst in den letzten Jahrzehnten wieder ihren alten Besitzern zurückgegeben – und natürlich den Bürgern von Vilnius, die sie heute wieder stolz zum Gebet aufsuchen. Ein paar wenige Kirchen sind noch immer in marodem Zustand. Mittelalterliche Fresken wie barocke Stuckfiguren warten dringend auf eine fachmännische Restaurierung. Daran sollten Besucher denken, wenn sie die alten Gotteshäuser besichtigen, die in der Regel keinen Eintritt kosten. Für eine kleine Spende oder ein bezahltes Kerzenopfer ist deshalb jede Gemeinde dankbar. Und natürlich sollte man sich wie die Einheimischen in der Kirche gebührlich kleiden: Hut ab, heißt das für die Männer, Schultern bedecken, für die Frauen!

Die russisch-orthodoxe Kirche St. Paraskeva **15** *wird nachts eindrucksvoll in Szene gesetzt*

AUSFLUG NACH KAUNAS

091vl Abb.: gs

Willkommen in Kaunas

Wo Memel (Nemunas) und Neris, die beiden wichtigsten Flüsse des Landes, zusammenfließen, liegt Kaunas, eine Industriestadt, heute vor allem aber auch eine Metropole der Wissenschaft, Kultur und Bildung. Mehrere Universitäten bieten vielen Zehntausend in- und ausländischen Studierenden Platz – vom Technik- bis zum Landwirtschaftsstudenten. Die Jugend ist auch das Kapital, das Kaunas in Zukunft mit vielen neuen Ideen voranbringen soll – darf sich die Stadt doch 2022 mit dem Titel Kulturhauptstadt Europas schmücken.

Weil die meisten Einwohner waschechte Litauer sind, gilt Kaunas als die **typischste Großstadt des Landes.** Ihr fehlt die weltmännische Komponente der Hauptstadt Vilnius, dafür schlägt hier das **Herz Litauens** stärker, das vielleicht größte Pfund der Stadt. In vielen Museen hat das Volk seinen nationalen Stolz konserviert, Theateraufführungen, Musikfestivals, Tanztreffen und Dichterlesungen halten ihn am Leben. Kaunas ist Litauen pur. Ihm fehlt die Business-Attitüde des Nachbarn Vilnius, auch die Hektik und Großspurigkeit, dafür fühlt sich die Stadt deutlich jünger an als der Nachbar, was vor allem an den knapp **40.000 Studenten und Schülern** liegt, die Schulen, Universitäten, Akademien, Fachhochschulen und Institute während der Semester bevölkern. Jeder dritte davon stammt angeblich aus dem Ausland.

Touristisch am interessantesten ist die **Altstadt** mit der **Burg**, dem **Rathausplatz** und den angrenzenden Gassen. Und nicht versäumen sollte man einen Bummel durch die ca. 2,5 km lange **Fußgängerzone**, die sich quer durch die Stadt zieht. Ansonsten sollte man sich treiben lassen, neugierig von Kirchen zu Cafés spazieren, von kleinen Galerien zu größeren Museen, denn ein Spaziergang durch Kaunas ist vor allem eine Entdeckungsreise.

Verlaufen kann man sich so gut wie nicht! Die Altstadt ist klein und übersichtlich, die neuere Stadt wie ein Schachbrett angelegt. **Laisvės alėja** heißt die wichtigste Ost-West-Achse, eine von Bäumen gesäumte Allee mit Museen und Theatern, Kinos, Geschäften, Cafés, Restaurants und Boutiquen, Hotels und Banken.

Wer sich einen Überblick verschaffen will, dem sei – vor allem im Sommer und bei klarer Sicht – ein Ausflug auf die südlich oder nördlich der Stadt gelegenen **Hügel** empfohlen. In Minutenschnelle bringen uralte Standseilbahnen (s. S. 89) den Besucher in die Höhe, von wo man einen einmaligen Blick auf das **historische Kaunas** mit seinen alten Kirchen und Klöstern und auf die erst im 19. Jh. angelegte **Neustadt** mit ihren Museen und sozialistischen Prachtbauten hat.

Ein oder zwei Tage reichen aus, um die Stadt und ihre Umgebung kennenzulernen. Vilnius-Besucher können dies dank schneller Schienenverbindungen sogar bei einem **Tagesauflug.**

◁ Vorseite: Der sogenannte „Weiße Schwan“, das alte Rathaus ㉟, ist das Wahrzeichen der Altstadt von Kaunas

KURZ & KNAPP

Die Stadt in Zahlen

- **Stadtrecht:** 1408
- **Einwohner:** 312.000
- **Einwohner/km²:** 1935
- **Fläche:** 157 km²
- **Höhe ü. M.:** 47 Meter

Das gibt es nur in Kaunas

› ***Paradies mit alten Eichen:*** *Ąžuolynas heißt ein öffentlicher Park in Nähe des Zoos. Dort findet sich die größte Ansammlung mächtiger Eichen auf städtischem Gebiet in Europa. Die meisten der Baumriesen sind zwischen 100 und 330 Jahren alt.*

› ***Historische Standseilbahnen:*** *Eine Kurzreise in die 1930er-Jahre! Die damals konstruierten Standseilbahnen sind noch heute im Einsatz. Gemütlich schaffen ihre Wägelchen Besucher und Einheimische auf die grünen Hügel im Norden und Süden der Stadt* (s. S. 89).

44 *[ei]* ***Teufelsmuseum:*** *Der Herr des Bösen lädt ein! Über mehrere Etagen erzählt die Sammlung eine diabolische Kulturgeschichte. Abbildungen des Leibhaftigen füllen viele Dutzend Vitrinen. Es gibt Exponate aus aller Welt, über Jahrzehnte zusammengetragen.*

48 ***Freilichtmuseum Rumšiškės:*** *Litauen en miniature! Viele Dutzend Bauernhöfe, Häuser und Kapellen, Bildstöcke und Wohnstuben geben auf einem wunderschönen Freizeitgelände Einblick in den Alltag von anno dunnemals. Ein Ausflug, der sich lohnt – im Sommer wie im Winter.*

071vl Abb.: gs

Alte Schätzchen: die Standseilbahnen aus den 1930er-Jahren befördern noch heute die Besucher

072vl Abb.: gs

Den Teufel mit dem Beelzebub austreiben: Hitler und Stalin im Teufelsmuseum 44

073vl Abb.: gs

Figurengruppe im Freilichtmuseum Rumšiškės 48*: Auf dem 6 km langen Rundgang durch das alte Litauen kann man viele wunderschöne Details entdecken*

Kaunas – Stadtgeschichte in Zahlen

1361: erste Erwähnung der Stadt
1413: erste Erwähnung der Basilika
1519: Indienststellung eines Hospitals mit zwölf Krankenbetten
1655: Zar Alexander brennt Kaunas nieder.
1701: Schwedische Truppen erobern die Stadt.
1795: Kaunas wird Teil des russischen Zarenreiches.
1854: Ein Berliner Fotograf macht erste Fotos in Kaunas.
1863: Bau des Bahnhofs
1919: Kaunas wird Litauens provisorische Hauptstadt.
1924: Start des öffentlichen Busverkehrs
1929: Inbetriebnahme der zentralen Wasserversorgung
1941: Nationalsozialisten besetzen die Stadt.
1944: Kaunas wird Teil der Sowjetrepublik.
1990: Ende der Sowjetherrschaft
1993: Papst Johannes Paul II. besucht Kaunas.
2015: Euro-Einführung in Litauen
2022: Kaunuas ist Kulturhauptstadt Europas.

Die Highlights von Kaunas

Ein Tag ist meist ausreichend, um Kaunas zu entdecken. Zwar ist die Stadt mit ihren mehr als 300.000 Einwohnern Litauens zweitgrößte Gemeinde, touristisch interessant sind aber eigentlich nur die **Altstadt** mit einigen sehenswerten Gotteshäusern und gotischen Gemäuern – und einige Teile der sich anschließenden **neuen Stadt.** Mit **Teufelsmuseum** 44, **Čiurlionis-Kunstmuseum** 43 und **Mykolas-Žilinskas-Kunstgalerie** (s. S. 98) liegen die touristisch bedeutsamen Museen zudem dicht beieinander.

Tag zwei sollten Kaunas-Besucher deshalb der **Umgebung** widmen. Dem wirklich sehenswerten **Kloster Pažaislis** 47 zum Beispiel, einem barocken Juwel unweit eines schönen Sees, oder dem weitläufigen **Freilichtmuseum Rumšiškės** 48, in dem man leicht einen ganzen Tag verbringen kann. Einen Abstecher ist auch eine der größten Shoppingzonen Osteuropas wert, der **URMAS-Markt** (s. S. 103) am Stadtrand. Kaunas pur ist das, Litauen wie es leibt und lebt!

Hohe, dicke Mauern prägen die alte Burg von Kaunas

047vl Abb.: gs

Kaunas entdecken

Altstadt

Die Altstadt ist das Herz von Kaunas und touristisch am interessantesten. Auf der Landspitze zwischen den Flüssen Memel (Nemunas) und Neris findet sich mit der Burg ihr ältester Teil, aber auch das alte Rathaus, Kirchen und andere Bauten aus dem Mittelalter sind Zeugen der Stadtgeschichte. Wer hier über gepflasterte Straßen und Plätze flaniert, könnte manchmal meinen, die Zeit sei stehengeblieben, denn bis heute haben Gotik und Barock ihre Spuren hinterlassen, die ältesten findet man in den Kellern der Häuser.

34 Burg und Umgebung ★★ [bj]

Ein runder Wehrturm ist der Blickfang der Burg von Kaunas. Sie ist eines der Wahrzeichen der Stadt, ein Bollwerk, das zahllose Kämpfe zu überstehen hatte. Aber auch Überschwemmungen setzten der Verteidigungsanlage immer wieder zu. Das, was heute zu sehen ist, wurde in den letzten Jahrzehnten aufwändig und liebevoll rekonstruiert. Schließlich gilt die Burg als eine der ersten Festungen Litauens.

Die im Mittelalter errichtete Burg war schon früh immer wieder **Angriffsziel** der Ritter des Deutschen Ordens. Mit 13 m hohen und 2 m dicken Mauern sollte sie deren Attacken trotzen und wenn sie einmal zerstört wurden, fügte man die eingerissenen Mauern schnell wieder zusammen. Ähnlich wie damals sieht die Burg – oder das, was man von ihr rekonstruiert hat – auch heute wieder aus. Längst gilt sie als neues **Symbol für den Freiheitswillen** der Bürger von Kaunas. Eine kleine Ausstellung informiert über die lange Geschichte der Festung.

Südlich der Burg befinden sich das **Bernhardinerkloster** samt **St. Georgskirche** (Papilio gatvė 7), ein schönes Ensemble in litauischer Backsteingotik. Westlich der Burg lädt der **Santakos-Park** auf der Landspitze zwischen den Flüssen Nemunas und Neris zum Bummeln. Eine weite Grünanlage, in der Papst Paul II. 1993 und Papst Franziskus 2018 den Bürgern Litauens Mut für ihren politischen Weg zusprachen. Der Filmschauspieler Daniel Craig, alias James Bond, nutzte den Park 2007 in einer Drehpause dagegen schlicht zum Joggen.

› **Kauno Pilis**, Pilies g. 17, Tel. 37 300672, www.kaunomuziejus.lt, Besichtigung: Juni–Aug. Di.–Sa. 10–18, So. 10–16 Uhr, Sept.–Mai Di.–Fr. 10–18, Sa. 10–17 Uhr, 2,50 €

35 Rathaus, Rathausplatz und Stadtmuseum ★★★ [bj]

Der Mitte des 16. Jahrhunderts angelegte Rathausplatz ist das Herz der Altstadt. Er wird von den schönsten Häusern in Kaunas umrahmt, Prachtbauten, in deren Schatten heute Einheimische und Touristen das Leben genießen. Vor allem im Sommer locken kleine Terrassencafés und Biergärten, Galerien laden zum Andenkenkauf, Restaurants zum Mittag- oder Abendessen ein. Auch die Touristeninformation hat hier ihren neuen Platz gefunden. Und im Winter kommen die Schlittschuhläufer zur großen Eisbahn, die dann auf dem Platz aufgebaut ist – mitten auf dem Weihnachtsmarkt, der mit seinen Buden zum Jahreswechsel die Einheimischen lockt.

Blickfang auf dem weiten Platz ist der sogenannte **„Weiße Schwan“**, das alte **Rathaus** mit seinem 53 m hohen Turm und barocker Fassade. Im Inne-

048vl Abb.: gs

ren hat das neue **Stadtmuseum** Platz gefunden, das die Geschichte von Kaunas in starren und bewegten Bildern, Büchern und anhand vieler Originaldokumente erzählt. Besonders ausführlich dokumentiert ist die Zeit zwischen den beiden Weltkriegen, als Kaunas Litauens Hauptstadt war und sich in der Stadt eine eigene Form der Architektur entwickelte, die bald zum weltweiten Kulturerbe zählen könnte.

Nicht weniger abwechslungsreich ist die **Geschichte** des alten Rathauses selbst. So wurde es unter anderem als Laden und Gerichtssaal genutzt bzw. nach dem barocken Umbau als russisch-orthodoxe Kirche und Waffenlager. Schließlich diente der Weiße Schwan dem russischen Zaren, der in Kaunas gern Station machte, als Residenz. Auch Theater und Feuerwehr waren hier zeitweise untergebracht, ehe die Stadtverwaltung das Haus zum **„Hochzeitspalast“** herrichtete. Jetzt wird hier standesamtlich getraut und die großen, mit Blumen geschmückten Limousinen mit den Brautpaaren fahren auf dem großen Platz vor.

Zu den Sehenswürdigkeiten am Rathausplatz gehört die barocke **Jesuitenkirche** (Rathausplatz 9) mit ihren zwei weißen Türmen, deren Bau 1666 begonnen wurde. Zunächst wurde das Gotteshaus von den Jesuiten und später von den Franziskanern genutzt, ehe die Anlage 1843 in russisch-orthodoxen Besitz überging. 1962 machten die Sowjets aus dem Kloster eine Schule mit Sport- und Schießhalle. In der Krypta saunierte die Rote Armee. Heute dient die Kirche wieder als Gotteshaus, das wegen seiner guten Akustik auch gern für Konzerte genutzt wird.

An der Nordwestecke des Platzes beeindruckt neben dem sogenannten Masalskis-Palast die **Dreieinigkeitskirche** (Rathausplatz 22). Es ist ein stattliches Bauensemble aus dem 17. Jh., das ein Priesterseminar beherbergt. Sogar zu Sowjetzeiten wurde hier der geistliche Nachwuchs des Landes ausgebildet, was für die Reputation des Hauses spricht.

Rund um den Rathausplatz finden sich auch einige der populärsten Museen Litauens. Etwa das **Museum für Medizin und Pharmazie** (s. S. 98), das in einer alten Apotheke aus dem 17. Jh. untergebracht ist.

› **Miesto Rotušė ir Aikštė (Rathaus)**, Rotušės a. 15, das Stadtmuseum im Rathaus ist Di. bis Sa. von 10 bis 18 und So. von 10 bis 16 Uhr geöffnet, 2,50 €

36 Perkūnas-Haus ★ [bk]

Das Haus in der Aleksoto gatvė 6 ist eines der originellsten Zeugnisse gotischer Baukunst. Aus 16 verschiedenen roten Ziegelsteinarten gemauert, diente es zur Hansezeit als **Lagerhaus** und **Kontor** der Kaufleute. Später nutzten es die Jesuiten als **Kapelle** und 1844 war es Heimstatt des **ersten Schauspielhauses** der Stadt.

Mitte des 19. Jh. zerfiel das Gebäude allerdings immer mehr, ehe man es Ende der 1960er-Jahre gründlich sanierte. Heute wird das Perkūnas-Haus mit seinem spitzen Giebel, Erker und Ziertürmchen unter anderem als **Konzertsaal** und **Ausstellungsraum** genutzt. Außerdem ist im Haus eine kleine Ausstellung über das Leben und Schaffen Adomas Mickevicius (1758–1855) untergebracht, der vor allem von den Polen als einer der wichtigsten Dichter ihrer Geschichte verehrt wird. Seinen Namen verdankt es einer kleinen **Bronzestatue**, die im Haus eingemauert war und 1818 bei Umbauarbeiten gefunden wurde. Lokalhistoriker wollen sie als Nachbildung des litauischen Donnergottes Perkūnas identifiziert haben, eine allerdings umstrittene Deutung.

› **Perkūno Namas,** Aleksoto g. 6, Tel. 64144614, www.perkunonamas.lt, Mo.–Fr. 10–16.30 Uhr, 2 €

37 Vytautas-Kirche ★ [bk]

An der Memel findet sich die **älteste Kirche der Stadt** und eines der ersten **Backsteingebäude** in Kaunas. Franziskaner hatten sie im Jahre 1400 auf Veranlassung des litauischen Großfürsten Vytautas für die in der Stadt lebenden Christen, meist Deutsche, errichtet. Brände, Kriege und Überschwemmungen zwangen immer wieder zum Umbau. Napoleons Truppen nutzten die Kirche als Militärlager, 1845 bis 1918 diente sie der russisch-orthodoxen Kirche als Gotteshaus, ehe sie 1920 an die Katholiken zurückgegeben wurde. Im Inneren der Hallenkirche findet sich das **Grabmal** des populären litauischen Schriftstellers **Juozas Tumas-Vaižgantas** (1869–1933). Besonders beeindruckend sind außerdem die **gotischen Säulen**, die im Kontrast zur elektrischen Orgel stehen.

› **Vytauto Didžioji Bažnycia,** Aleksoto g. 3, Tel. 37 203854, Di.–Sa. 14–19 Uhr, Gottesdienst: Di.–So. 18 Uhr, So. 10 und 12 Uhr

EXTRAINFO

Standseilbahnen

Gleich hinter dem Südende der Vytautas-Brücke findet sich Litauens älteste Standseilbahn [bk]. In 90 Sekunden bringt sie den Besucher auf den rund 40 m hohen **Aleksotas-Hügel,** wo sich einem ein großartiger Blick auf die Stadt eröffnet. Ein lohnenswerter Ausflug vor allem bei gutem Wetter!

Schweizer Ingenieure hatten die Bahn Mitte der 1930er-Jahre errichtet. Die zwei alten Wagen mit ihren Holzbänken, die sich gewöhnlich in der Mitte der Strecke treffen, sind noch heute im Einsatz.

Eine zweite, ähnliche Bahn fährt auf der gegenüberliegenden Seite der Stadt auf den **Žaliakalnis-Hügel,** auf dem sich die Auferstehungskirche 45 befindet, die größte Basilika des Baltikums. Auch von dort ist das Stadtpanorama beeindruckend. Beide Bahnen genießen als Kulturdenkmäler besonderen staatlichen Schutz und besondere Pflege.

› **Aleksotas:** Mo.–Fr. 7–11 und 12–16 Uhr, Sa./So. 9–13 und 14–18 Uhr. Bezahlt wird bei der Schaffnerin.

› **Žaliakalnis:** Mo.–Fr. 7–19 Uhr, Sa. 9–19 Uhr, bezahlt wird an der Talstationskasse

◁ *Das alte Rathaus, wegen seiner Form auch „Weißer Schwan“ genannt*

38 Vytautas-Brücke ★ [bk]

Von der Altstadt führt die 256 m lange und 16 m breite Vytautas-Brücke über die Memel. Bis zu 3000 Fahrzeuge überqueren das Bauwerk täglich in einer Stunde. Anfang des 19. Jahrhunderts wurde es als Pontonbrücke errichtet, mehrmals zerstört und immer wieder aufgebaut, zuletzt 1948 von deutschen Kriegsgefangenen. Im Jahr 2005 wurde die Brücke gründlich renoviert.

Da die Brücke den im Süden der Stadt gelegenen Aleksotas-Hügel erschließt, wird sie oft auch Aleksotas-Brücke genannt oder scherzhaft auch die „längste Brücke der Welt", denn während früher auf der Stadtseite lange Zeit der bei den Russen übliche Julianische Kalender Gültigkeit hatte, rechnete man auf der zu Preußen gehörenden südlichen Flussseite nach dem Gregorianischen Kalender. 13 Tage Zeitunterschied machte das aus, sodass eine Reise über die Brücke hier also fast zwei Wochen dauerte.

› **Vytauto Didžioji Tiltas**

39 Basilika St. Peter und Paul ★★ [cj]

Mit dem Bau von **Litauens größter gotischer Kirche** wurde im Jahr 1408 unter Großfürst Vytautas begonnen. Ihre heutigen Ausmaße aber – 84 m Länge, 34 m Breite und 28 m Höhe – erreichte die Kirche erst durch Umbauten im 17. und 18. Jh., als das Gotteshaus außerdem auch noch seinen 55 m hohen **Glockenturm** erhielt.

Als die Sowjets die Kathedrale in Vilnius besetzt hielten, war St. Peter und Paul die wichtigste katholische Kirche Litauens. **Renaissance-** und **Barockelemente** prägen ihr Inneres – allen voran der beeindruckende Hauptaltar mit seinen Kreuzigungsszenen. Dem Bildnis der leidenden Muttergottes werden heilende Kräfte nachgesagt. In der Kirche ist auch Litauens erster Kardinal, Vincentas Skladkevičius (1920–2000), begraben.

› **Švetu Apaštalų Petro ir Povilo Arkikatedra Bazilika,** Vilniaus g. 1, Tel. 37 324093, www.kaunoarkikatedra.lt, Öffnungszeiten: tägl. 7–18.30 Uhr, Gottesdienste: werktags 7, 8, 9 und 18 Uhr, sonntags 8, 9, 10.30, 12, 13.30 und 18 Uhr

40 Vilniaus gatvė und Historischer Präsidentenpalast ★ [dj]

Wie der Name schon vermuten lässt, führte die Vilniaus gatvė einst aus der Altstadt in Richtung Vilnius. Heute ist sie das Bindeglied zum neuen Zentrum von Kaunas und vor allem eine **Fußgängerzone** und **Flaniermeile.** Einige sich hier befindenden Häuser stammen noch aus der Zeit der **Renaissance** und wurden in den letzten Jahren liebevoll restauriert.

Die Vilniaus gatvė mit ihren vielen kleinen **Läden** und **Galerien, Cafés** und **Restaurants** steht symbolisch für den Aufschwung Litauens nach der Erklärung seiner Unabhängigkeit. Im Haus Nr. 33 befand sich einst der **Präsidentenpalast,** der Sitz der Republik Litauen. In dem sorgfältig renovierten Bau erinnern Möbel, Gemälde, Fotos, Fahnen und andere historische Dokumente an die Zeit der **Ersten Litauischen Republik** (1918–1940), als das Land von hier aus regiert wurde.

› **Istorinė LR Prezidentura (Präsidentenpalast),** Vilniaus g. 33, Tel. 37 201778, www.istorineprezidentura.lt, Di.–So. 11–17 Uhr (Do. bis 19 Uhr), 2 €

[>] Das Freiheitsdenkmal auf dem Platz der Einheit

Neustadt

Die Neustadt von Kaunas wurde im wesentlichen in der zweiten Hälfte des 19. Jh. angelegt, als die Altstadt aus allen Nähten platzte. Zentrale Achse ist die gut 1,6 km lange Laisvės alėja, ein Prachtboulevard mit Museen, Theatern, Kinos, Geschäften, Cafés, Restaurants und Hotels. Ein moderner Boulevard, auch, weil er seinen Besuchern kostenloses Internet garantiert.

41 Freiheitsallee ★ [fj]

Die **Laisvės alėja** (Freiheitsallee) war eine der ersten Fußgängerzonen Osteuropas und Mustermeile für viele Städte der UdSSR. Auch wenn sie heute autofrei ist, sollte man als Fußgänger vorsichtig sein, kreuzen den Boulevard doch mehrere Straßen. Während der Zarenzeit war die Allee nach dem heiligen Georg benannt, die deutschen Besatzer tauften sie nach Kaiser Wilhelm und erst ganz spät hieß sie schließlich Freiheitsallee. Früher war die Straße einmal die erste Einkaufsadresse der Stadt. Inzwischen hat das Shoppingcenter Akropolis ihr aber den Einkaufsrang abgelaufen.

Entlang der Straße findet sich unter anderem das **Zoologische Museum** (s. S. 98), eine Sammlung präparierter Tiere von der Giraffe bis zum Schmetterling. Nur ein wenig weiter trifft man auf das **Hauptpostamt** und das **Neue Rathaus** im Jugendstil. Vor allem aber ist die Laisvės alėja die wichtigste Kulturmeile der Stadt. So steht hier das **Staatliche Musiktheater** (s. S. 98), ein in einem kleinen Stadtgarten gelegener Musentempel für Oper, Operette und Ballett, und auch das **Staatstheater Kaunas** (s. S. 98) und ein **Puppentheater** (s. S. 98) samt Museum sind am Flanierboulevard zu Hause.

Unüberschbar sind die **Großdenkmäler** wie das dem litauischen Großfürsten Vytautas gewidmete Monument neben der Hauptpost. Mit ihren silberglänzenden Kuppeln ist am Ostende der Allee eine **dem Erzengel Michael geweihte Kirche** Blickfang. Das im neobyzantinischen Stil errichtete, wuchtige Gotteshaus wurde Ende des 19. Jh. für die Soldaten der russischen Garnison gebaut. Heute gehört das Gotteshaus der katholischen Kirche. Die Katakomben dienen inzwischen als Blindenmuseum.

› **Laisvės alėja**

★**119** [gj] **Erzengel-Michael-Kirche (Šv. Archangelo Mykolo Rektoratas),** Nepriklausomybės a. 14, Tel. 37 226676, tgl. 8.30–14 Uhr, Gottesdienst: Mo.–Fr. 12, Sa. 10, So. 10 und 12 Uhr

42 Platz der Einheit ★ [fj]

Für viele Litauer ist er fast schon eine Wallfahrtsstätte, der **Platz der Einheit** mit dem Freiheitsdenkmal. Noch vor dem Zweiten Weltkrieg wurde er angelegt und in den Nachkriegsjahren dann in Leninplatz umgetauft. Nach dem Abzug der Sowjets

077vl Abb.: gs

Girėnas und Darius – Atlantiküberquerer

Für die Litauer sind sie so wertvoll wie Reliquien - die Reste eines alten Flugzeugwracks im Militärmuseum (s. S. 97), die an eine der ***spektakulärsten Atlantiküberquerungen*** *der Luftfahrtgeschichte erinnern. Im Juli 1933 hatten die beiden in Litauen geborenen Piloten* ***Steponas Darius*** *und* ***Stasys Girėnas*** *sich zum Ziel gesetzt, dem Beispiel Charles Lindberghs zu folgen und* ***nonstop*** *den Atlantik zu überqueren. Für 3200 Dollar kauften sie eine gebrauchte Maschine vom Typ Bellanca CH-300, die sie für ihren Atlantikflug entsprechend umrüsteten und auf den Namen* ***Lituanica*** *tauften. Am Morgen des 15. Juli starteten sie von New York aus ihr Abenteuer und wollten am nächsten Tag mitten in der Nacht in Kaunas ankommen, wo geschätzte 25.000 Zuschauer auf ihre Helden warteten. Nach 37 Stunden und 11 Minuten Flugzeit stürzte das Flugzeug 650 km vor dem Ziel nahe dem heute polnischen Städtchen Soldin ab. Beide Piloten starben. Es war das* ***tragische Ende*** *eines Abenteuerfluges.*

Der ***Grund*** *für die Katastrophe konnte bis heute nie endgültig geklärt werden. Offiziell wurde schlechtes Wetter in Verbindung mit einem technischen Defekt als Absturzursache ausgemacht.*

Die Litauer vergaßen die Heldentat der Flugpioniere nie. Mit ***Straßennamen*** *und* ***Porträts*** *auf dem 10-Litas-Schein wird bis heute an sie erinnert. Historisch gelten die beiden auch als erste* ***Luftpostbeförderer*** *über den Atlantik. Die von ihnen mitgeführten Briefe wurden nach dem Absturz noch ihren Empfängern zugestellt. Im Militärmuseum erinnern Wrackteile und die Kleidung, die sie bei ihrem Todesflug trugen, bis heute an die beiden Helden der Luft.*

Risikoreich *fliegen die Litauer übrigens noch immer. So hat der Kunstflieger Jurgis Kairys 1999 alle Brücken in Vilnius mit ca. 300 Stundenkilometern unterflogen. Drei Jahre zuvor unterquerte er eine Brücke in Kaunas mit dem Fahrwerk nach oben und dem Kopf nach unten ...*

stellten die Litauer ihre von den Russen demontierten Denkmäler dort wieder auf, allen voran das **Freiheitsdenkmal (Laisvės Statula)**. Ein wenig weiter findet sich eine Ehrengalerie mit Büsten litauischer Persönlichkeiten. Sie führt zum Ewigen Feuer, das an die im Unabhängigkeitskampf getöteten Bürger erinnern soll.

Auf dem Platz feiern die Bürger der Stadt gewöhnlich auch ins Neue Jahr. Traditionell treffen sie sich hier am Silvesterabend, um die Klänge vom sogenannten Uhrenturm zu genießen, in dem die Freiheitsglocke hängt – ein Geschenk der in den USA lebenden Litauer. Außerdem gibt es im Uhrturm ein Glockenspiel mit 35 Glocken. Die meisten von ihnen stammen aus Belgien, wo die Carillons eine lange Geschichte haben. Jeden Samstag und Sonntag um 16 Uhr locken kleine Glockenkonzerte. Dominiert wird der Platz der Einheit von dem für Touristen nur bedingt interessanten **Militärmuseum** (s. S. 97). Zu seinen wichtigsten Ausstellungsstücken gehören die Überreste eines Flugzeugs, mit dem zwei in Litauen geborene Männer 1933 den Atlantik in einem Nonstop-

Flug überquert hatten und dabei verunglückt waren (s. S. 92).

› **Vienybės alkštė**

43 Čiurlionis-Kunstmuseum ★ [ei]

Dieses Nationalmuseum beherbergt **litauische Volkskunst** und **Kunstobjekte** aus dem 17. bis 20. Jahrhundert, vor allem aber gut 300 Gemälde des Künstlers **Mikalojus Konstantinas Čiurlionis**, den die Litauer besonders verehren und der dem Museum seinen Namen gab. Seine Bilder sind waghalsige Kompositionen in Temperafarben und so manchen Kunstkritiker haben sie bewogen, in Čiurlionis den ersten **abstrakten Maler** Europas zu sehen. Im Museum ist Čiurlionis Kunst aber nicht nur zu sehen, sondern auch zu hören, gilt der Maler doch auch als einer der wichtigsten Vertreter **moderner litauischer Klangkunst.**

Čiurlionis gehört zu den Künstlern, die erst nach ihrem Tod neu entdeckt wurden. Der 1875 geborene Sohn eines Organisten begann seine Karriere als **Flötist** am Hof eines litauischen Fürsten und studierte u. a. in Warschau und Leipzig Musik. Anfang des 20. Jahrhunderts entdeckte er sein Interesse an **darstellender Kunst** und er begann, in Warschau Malunterricht zu nehmen. Dort kam er mit neuen Ideen und **philosophischen Fragestellungen** in Berührung. Gedankenwelten, die sich schließlich auch in seinen Bildern niederschlugen, die er 1907 erstmals in Vilnius zeigte. In der heutigen Landeshauptstadt lernte er auch seine Frau kennen, eine Schriftstellerin, die dem bis dahin nur polnisch sprechenden Künstler die litauische Sprache beibrachte.

Ein Jahr später siedelte Čiurlionis nach **St. Petersburg** über, wo er sich mehr Resonanz für seine Malerei erhoffte. Seine Bilder wurden nun dekorativer – und noch symbolträchtiger. Čiurlionis konnte von seiner Kunst allerdings kaum leben, da damals nur ein paar Intellektuelle seine Werke schätzten. 1911 starb er arm und krank in einem Sanatorium bei Warschau an einer **Lungenentzündung.**

Neu entdeckt wurde er erst in den späten 1980er-Jahren, als Litauen langsam zu seiner Selbstständigkeit fand. **Vytautas Landsbergis**, Litauens erster Staatspräsident, der über das Werk des Künstlers Čiurlionis promoviert hatte, wurde zu seinem größten neuen Fürsprecher. Inzwischen hat auch die europäische Kunstelite Gefallen an dem Litauer gefunden.

› **M. K. Čiurlionio Valstybinis Dailės Muziejus**, V. Putvinskio g. 55, Tel. 37 229475, www.ciurlionis.lt, Di.–So. 11–17 Uhr (Do. bis 19 Uhr), 4 €, Audioguide in englischer Sprache 4 €

44 Teufelsmuseum ★★★ [ei]

Hitler und Stalin sind die beiden bekanntesten Satansfiguren im Teufelsmuseum von Kaunas. Mehr als zweitausend **diabolische Darstellungen** nennt das Haus sein Eigen, von denen gut tausend ausgestellt sind. Und fast wöchentlich werden es mehr, schicken doch Menschen aus aller Welt noch immer Exponate: Teufel auf Bildern und Gemälden, Tassen und Teppichen, Beelzebuben aus Holz, Glas, Papier, Metall, Plastik und Keramik.

Den Grundstock für das Teufelsmuseum legte der Maler **Anton Žmuidzinavičius** (1876–1966), dessen impressionistisch angehauchte Bilder in einem Nebenraum zu sehen sind. In seinen letzten Lebensjahren wurde aus dem Maler ein leidenschaftlicher Sammler von Teufelsfiguren, die ihm Freunde und Bekannte

049vl Abb.: gs

vorwiegend zum Geburtstag schenkten. Die schönsten Stücke sind heute über drei Etagen im Museum verteilt und erzählen **Kulturgeschichte.**

In Kaunas zeigt sich der Herr der Hölle in **immer neuen Gestalten:** als skurriler Kauz, als Verführer der Frauen, als Freund der Raucher und Trinker, die ihm mit diabolisch geformten Trinkgefäßen und Pfeifen huldigen, als musikalischer Satan mit Teufelsgeige oder Akkordeon oder als Diktator wie Hitler und Stalin. Zu den ältesten Ausstellungsstücken zählt eine bronzene Figur aus Italien: ein **Satyr,** ein Dämon aus dem Gefolge des griechischen Gottes Dionysos. Im dritten Stock des Museums erscheint schließlich ein volkstümlicher Teufel und zeigt sich als Hauptfigur **närrischer Bräuche** aus aller Welt. Als Krampus spielt er in Österreich den Gegenpart zum Gaben bringenden Nikolaus, als Satan in vielen Festen Südamerikas den Widersacher des Guten und schließlich begegnet er dem Besucher gar als Hexe im Treppenhaus.

› **Velnių Muziejus,** V. Putvinskio g. 64, Tel. 37 221587, www.ciurlionis.lt/velniu, Di.–So. 11–17 Uhr (Do. bis 19 Uhr), 3 €, Führung in englischer Sprache nach Voranmeldung (15 €)

In vielen verschiedenen Gestalten begegnet einem der Leibhaftige im Teufelsmuseum

45 Auferstehungskirche ★ [fi]

In kürzester Zeit bringt die Standseilbahn (s. S. 89) den Kaunas-Besucher von der Neustadt auf den **Žaliakalnis-Berg,** den „Grünen Berg" im Norden der Stadt. Oben steht die **größte Basilika des Baltikums,** von der man einen der schönsten Blicke auf die Stadt hat.

In den frühen 1930er-Jahren als Dankeskirche für die 1918 proklamierte Unabhängigkeit des Landes geplant, beschlagnahmten die Nazis nach ihrem Einmarsch in Litauen die noch unfertige Kirche, um in ihr ein Papierlager einzurichten. Später nutzten sie die Sowjets als Fabrik für Radiobauteile. Seit 1997 wird sie wieder als Gotteshaus genutzt. Heute, nach langer, sorgfältigster Renovierung, bietet sie 3000 Besuchern Platz.

Die monumentale, dreischiffige Kirche ist genau betrachtet ein **riesiges Rechteck** mit Eingängen an allen Seiten. Rund 70 Meter misst der große **Turm** über der Hauptpforte. Auf das große **Terrassendach** führt ein Lift. Die Inneneinrichtung ist modern und zweckmäßig, wird die Kirche doch nicht nur für Gottesdienste, sondern auch für kulturelle Veranstaltungen wie Konzerte genutzt.

› **Kristaus Prisikėlimo Bažnyčia,** Žemaičių g. 31b, www.prisikelimas.lt, Tel. 37 229222, Öffnungszeiten: tägl. 9–17 Uhr, Gottesdienst: werktags 18 Uhr, sonntags 9.30, 11, 12.30 und 18 Uhr

46 Museumsmonument Fort IX ★

Etwas außerhalb der Stadt, auf der anderen Seite der Neris neben der Autobahn nach Klaipėda, findet sich **eine der größten Festungsanlagen Osteuropas.** In Auftrag gegeben hatte sie der russische Zar, der sie einst als Bollwerk gegen die Deutschen anlegen ließ. 1903 begann man mit ihrem Bau, doch schon bald zeigte sich, dass die Festung längst nicht so uneinnehmbar war, wie es sich ihre Bauherren erhofft hatten. So nahmen die Deutschen sie im Ersten Weltkrieg nach nur zehn Tagen Belagerung kampflos ein.

1924 bis 1940 diente die Festung als Gefängnis. Traurige Berühmtheit fand das Bollwerk in der Nazizeit, als die Deutschen hier 1941 ein **Konzentrationslager** einrichteten. Unter Mithilfe litauischer Kollaborateure ermordeten die Nationalsozialisten viele Zehntausend Menschen, die man in den Festungsgräben verscharrte oder verbrannte. Auch **Stalin** nutzte nach Ende des Zweiten Weltkriegs die Festung als Gefängnis und Hinrichtungsplatz. Heute erinnern ein **Museum** und ein gewaltiges **Denkmal** an die Gräuel von einst. Aus Gründen der Pietät ist es so auch verboten, vor den steinernen Zeugen der einstigen Hinrichtungen mit dem Handy Selfies zu machen.

› **Devintojo Forto Statula,** Žemaičių pl. 73, Tel. 37 377750, www.9fortomuziejus.lt, April-Okt.: Mi.–Mo. 10–18 Uhr, Nov.–März: Mi.–So. 10–16 Uhr, 1,50 €. Zur Gedenkstätte fahren aus der Innenstadt die Busse 23 und 35.

Entdeckungen im Umland

47 Kloster Pažaislis ★★

Mitten in der Natur, auf einer Halbinsel am Westufer eines künstlich angelegten Stausees, liegt das Klosterensemble Pažaislis. Es ist eine der schönsten Klosteranlagen des Baltikums und vor allem im Sommer organisiert das Touristenbüro immer wieder Ausflüge zum **Meisterwerk des Hochbarock.** Wer kein eigenes Auto hat, kann zum Besuch im Sommer aber auch öffentliche Busse (Haltestelle: **T. Masiulio gatvė**) nutzen. Die Trolleybusse 9 und 12 fahren aus der Innenstadt dorthin.

Fast einhundert Jahre wurde an dem Kloster gebaut. Es war die Stiftung eines litauischen Adligen, der die Anlage dem **Kamaldulenser-Orden** anvertraut hatte, einer besonders strengen Klostergemeinschaft, deren Mönche sich zum Teil in winzigen Eremitenhäusern um die Kirche herum einmauern ließen. Ein paar der **Klosterzellen** sind bis heute erhalten geblieben.

050vl Abb.: gs

Das Kloster Pažaislis: Blick aus dem Kreuzgang auf die mächtige Kuppel

Blickfang des Klosterensembles ist die mit über einhundert Fresken ausgestattete **Kirche** mit ihrer 53 m hohen, sechseckigen Kuppel. Heute wird die Anlage, die zeitweise als psychiatrische Anstalt, Archiv und Museum diente, vom Orden der Schwestern des heiligen Kasimir genutzt. Besonders bekannt ist Pažaislis für sein Sommer-Musikfestival. Inzwischen kann man direkt neben dem Kloster auch wohnen. Es gibt elf Zimmer in unterschiedlicher Ausstattung (www.montepacis.lt). Das zur Herberge gehörende Restaurant ist eines der besten Litauens und serviert ein neungängiges Probiermenü für 55 €.

› **Pažaislio Vienuolyno Ansamblis,** T. Masiulio g. 31, www.pazaislis.org, Tel. 37 458868, Di.–Fr. 10–16.30, Sa. 10–15.30 Uhr, 4 €, Führung nach Voranmeldung, Gottesdienst: So. 11 Uhr

48 Freilichtmuseum Rumšiškės ★★★

Zu den populärsten Touristenzielen Litauens zählt das ethnografische Freilichtmuseum Rumšiškės vor den Toren der Stadt Kaunas. Auf fast 200 Hektar Fläche stehen dort Gebäude aus dem ganzen Land. Bauliche Ensembles vom 19. bis zum frühen 20. Jahrhundert, vom Fischerdorf bis zum Scheunentheater.

Leicht kann man hier einen ganzen Tag verbringen und sich auf eine Zeitreise durch das alte Litauen begeben. Gut 6 km lang ist der Rundgang durch die Anlage und man schlendert an vielen **alten Bauernhöfen** vorbei, die vom harten Leben der Bauern erzählen. Man sieht Wandbänke, die zum Sitzen und Schlafen dienten, Betten im Heulager und Kammern zum Pilzetrocknen. Man erhält Informationen zu Pflanzen und Tieren, von denen die Bauern sich einst ernährten, und zur **damaligen Lebenssituation**, die auch bedeutete, dass Familien jahrzehntelang in einem Raum zusammenleben mussten.

Alle Häuser sind **Originale** und wurden an ihrem Ursprungsort ab- und im Freilichtmuseum wieder aufgebaut. Auch Windmühlen, Kreuze und Denkmäler fanden hier eine neue Heimstatt. Das Leben in einer **Kleinstadt** dokumentiert ein Ensemble aus Schulhaus, Hospital, Töpferei und Dorfschenke. Besonders nachdenklich macht ein alter Güterwaggon, in dem die Sowjets einst Menschen zur Zwangsarbeit nach Sibirien transportierten.

Tag für Tag, vor allem aber am Wochenende, erwachen viele der Häuser **zum Leben.** Museumsmitarbeiter schlüpfen in alte Trachten und führen als Handwerker wie Weber oder Töpfer vor, wie man vor Jahrhunderten gearbeitet hat. Litauische Folklore lebt im Scheunentheater bei Tanz und Spiel wieder auf und in einem Gasthaus werden ländliche Speisen serviert. Besonders hoch her geht es zu Fasching oder zur Mittsommernacht, wenn Hunderte zum Feiern kommen.

› **Liaudies Buities Muziejus Rumšiškės,** L. Lekavičiaus g. 2, Tel. 34647392, www.llbm.lt, Mai–September tägl. 10–18 Uhr, April 10–17 Uhr, 4 €. Sonst sind die Ausstellungsgebäude meist geschlossen, nur der Park ist zugänglich (tägl. 10–16 Uhr, 2 €). Individuelle Führungen auch auf Deutsch: 40 €. Für eine Zusatzgebühr von 20 € ist das weiträumige Museumsgelände mit dem Pkw befahrbar. Von Kaunas (Station „Kalniečių poliklinika") verkehren Minibusse ins Freilichtmuseum. Besonders schön ist die Anreise von Mai bis September sonntags mit dem Schiff vom Kloster Pažaislis 47.

Kaunas für Kunst- und Museumsfreunde

Die rund 40 großen und kleinen Museen von Kaunas bilden eine Art **litauisches Gedächtnis.** Die meisten von ihnen sind **nationalen Entwicklungen** z. B. in der Kommunikation oder Medizin, der Luftfahrt, dem Sport, der Literatur oder der Musik gewidmet. Andere dienen dem **Andenken litauischer Künstler**, die bei uns zwar weitgehend unbekannt, den Einheimischen aber besonders ans Herz gewachsen sind, so wie M. K. Čiurlionis, ein abstrakter Maler und Komponist, an den ein eigenes großes Museum erinnert. Um den Genozid während der **Nazizeit** und die während der **russischen Besatzung** verübten Gräuel geht es im Museum im Fort oberhalb der Stadt und der populärste Ausstellungsraum ist bei ausländischen Besuchern das **Teufelsmuseum**, das mehr als tausend diabolische Figuren und Werke zeigt. In vielen Museen sind die Exponate nur mit **litauischer Beschilderung** versehen, Schilder in deutscher Sprache gibt es so gut wie nie. Sprachliche Hürden gilt es meist auch beim **Theaterbesuch** zu überwinden, Oper und Operette, Musical und Puppentheater sind aber fast immer verständlich. Und für ein **Konzert** in einem der zahlreichen Musentempel der Stadt braucht es ebenfalls keinen Dolmetscher.

Museen

M120 Atom Bunker Museum, Raudondvario pl. 164, Tel. 8 68266666, www.atominisbunkeris.lt, Besichtigung nach Absprache. In die Zeit des Kalten Krieges zwischen Ost und West entführt der ehemalige Sowjetbunker, wo mehr als Tausend Objekte nicht nur von einem möglichen Atomkrieg, sondern auch viel von der Arbeit des sowjetischen Geheimdienstes erzählen.

43 [ei] **Čiurlionis-Kunstmuseum (M. K. Čiurlionio Valstybinis Dailės Muziejus).** Nationale Kunstgalerie, die vor allem dem Werk des bekannten litauischen Malers und Komponisten Mikalojus Konstantinas Čiurlionis gewidmet ist (s. S. 93).

M121 [gj] **Gemäldegalerie Kaunas (Kauno Paveikslų Galerija),** K. Donelaičio g. 16, Tel. 37 221779, Di.–So. 11–17 Uhr (Do. bis 19 Uhr), 2 €. Moderne Kunst. Besonders breiten Raum nehmen die Arbeiten des in Kaunas geborenen Fluxus-Pioniers George Mačiūnas ein.

M122 Litauisches Luftfahrtmuseum (Lietuvos Aviacijos Muziejus), Veiverių g. 132, Tel. 37 390357, Mo.–Sa. 9–17 Uhr, 2 €. Kleines Museum am Rand eines von der deutschen Armee 1915 errichteten Flughafens. Gezeigt werden alte Sowjet-Hubschrauber und Kleinflugzeuge, Modellflieger und Segelflugzeuge. Die Jüngsten lockt ein Flugsimulator.

M123 [bk] **Litauisches Sportmuseum (Lietuvos Sporto Muziejus),** Muziejaus g. 7, Tel. 37220691, Di.–Sa. 10–17 Uhr, 1 €. Kleines Museum, das international erfolgreiche Athleten aus Litauen feiert.

M124 [ck] **Litauisches Volksmusikmuseum (Povilo Stulgos Lietuvių Tautinės Muzikos Instrumentų Muziejus),** L. Zamenhofo g. 12, Tel. 37 422295, Di.–Fr. 10–18, Sa. 10–17, 1,80 €. Kleine, aber feine Sammlung litauischer, aber auch anderer Musikinstrumente.

M125 [fj] **Militärmuseum Vytautas (Vytauto Didzioji Karo Muziejus),** K. Donelaičio g. 64, Tel. 37 320939, Di.–So 10–17 Uhr, 2 €. Militärhistorische Sammlung, die eher für Fachleute von Interesse ist. Allerdings finden sich hier Reste des Flugzeugs der ersten Atlantiküberquerer, die als nationale Reliquien gelten.

126 [bj] **Museum für Medizin und Pharmazie (Medicinos ir Farmacijos Istorijos Muziejus),** Rotušės a. 28, Tel. 37 201569, Di.–Sa. 10–17 Uhr, 2 €. Bücher, Fläschchen, Medikamentenpackungen u. a. Ausstellungsstücke erzählen litauische Medizingeschichte.

46 **Museumsmonument Fort IX.** In einer der größten osteuropäischen Festungsanlagen erinnert ein Museum an die Gräuel, die Sowjets und Nazis hier verübten (s. S. 95).

127 [gj] **Mykolas-Žilinskas-Kunstgalerie (Mykolo Žilinsko Dailės Muziejus),** Nepriklausomybės a. 12, Tel. 37 222853, Di.–So. 11–17 Uhr (Do. bis 19 Uhr), 3 €. Privatsammlung des Kunstmäzens Žilinskas (1904–1992) mit fast 1500 Gemälden, Plastiken, Porzellan und anderen Kunstwerken, deren Echtheit zum Teil umstritten ist.

40 [dj] **Präsidentenpalast (Istorinė LR Prezidentura).** Historische Ausstellungsstücke erinnern an die Zeit der Ersten Litauischen Republik und die drei Präsidenten, die von Kaunas aus das Land regierten. Teil des Litauischen Nationalmuseums 5 (s. S. 90).

35 [bj] **Stadtmuseum Kaunas (Miesto Muziejus),** Rotušės aikštė 15, Tel. 37208220, Di.–Sa. 10–18, So. 10–16 Uhr, 2,50 €. Von den Anfängen bis zur Gegenwart erzählen Gemälde, Fotografien und andere Gegenstände aus der Stadtgeschichte (s. S. 87).

128 [hl] **Stumbras-Museum (Stumbro Muziejus),** K. Būgos g. 7, Tel. 68694388. Firmenmuseum eines der größten baltischen Spirituosenproduzenten. Führung nur nach Voranmeldung, 12 €.

44 [ei] **Teufelsmuseum (Velnių Muziejus).** Viele Tausend Teufelsdarstellungen spiegeln diabolische Kulturgeschichte wider (s. S. 93).

129 [dj] **Zoologisches Museum (Zoologijos Muziejus),** Laisvės al. 106, Tel. 37 200292, Di.–So. 10–18 Uhr, 3 €. Ausgestopfte Tiere und biologische Seltenheiten.

48 **Freilichtmuseum Rumšiškės.** Das ethnografische Museum ist eines der populärsten Ausflugsziele des Landes (s. S. 96).

Theater und Konzerte

130 [ej] **Kammertheater Kaunas (Kauno Kamerinis Teatras),** Kęstučio g. 74a, Tel. 8 61262226, www.kamerinisteatras.lt. Kleines Kammertheater mit drei Neuproduktionen jährlich.

131 [cj] **Tanztheater „Aura" Kaunas (Kauno šokio teatras „Aura"),** M. Daukšos g. 30a, Tel. 37 202062, www.aura.lt. Tanztheater, das auch Festivals organisiert.

132 [ej] **Puppentheater Kaunas (Kauno Lėlių Teatras),** Laisvės al. 87, Tel. 37 221691, www.kaunoleles.lt. Die Bühne spielt in der Regel für Kinder, inzwischen gibt es aber auch Stücke für Erwachsene.

133 [ej] **Staatliches Musiktheater Kaunas (Kauno Valstybinis Muzikinis Teatras),** Laisvės al. 91, Tel. 37 200933, www.muzikinisteatras.lt. Ältestes litauisches Theater mit mehreren Bühnen. Im Angebot sind Opern, Operetten und Musicals.

134 [ej] **Staatstheater Kaunas (Kauno Valstybinis Dramos Teatras),** Laisvės al. 71, www.dramosteatras.lt, Tel. 37 224064. Klassisches Schauspielhaus.

Bildstock mit dem Letzten Abendmahl im Freilichtmuseum Rumšiškės 48

Kaunas für Genießer und Nachteulen

Kaunas ist zwar nicht Vilnius, denn in der Stadt fehlt das internationale Publikum, verstecken muss man sich hier aber nicht, auch nicht, was die **Gastronomie** oder das **Nachtleben** betrifft. Letzteres liegt vor allem auch an den vielen Zehntausend **Studenten,** die nicht nur an den Wochenenden Klubs und Diskotheken beleben.

Auch **Genießer** müssen keinen Bogen mehr um Kaunas machen. Restaurants wie das Uoksas strafen längst alle Kritiker Lügen und rund um den Rathausplatz überraschen viele neue Restaurants und Bistros. Dazu kommen viele Lokalitäten mit asiatischer und afrikanischer Küche, Griechen, Inder und Mexikaner. Die gastronomische Vielfalt hat jetzt auch in Kaunas Fuß gefasst. Auch in Sachen **Nachtleben** braucht man sich nicht zu verstecken.

093vl Abb.: gs

Empfehlenswerte Restaurants

135 [bj] **Agave** €, Rotuses a. 3, Tel. 61698496, http://facebook.com/pg/agaverestoranas, Di.-Do. 12-22, Fr./Sa. 12-24, So. 12-20 Uhr. Gestylter Mexikaner am Rathausplatz. Sehr angesagt, aber nicht zu teuer.

136 [cj] **Avilys** €€, Vilniaus g. 34, Tel. 37 69966239, www.avilys.lt, So.-Do. 12-24, Fr./Sa. 12-2 Uhr. Restaurant und Klub in einem. Geschätzt wegen der Biere aus der hauseigenen Brauerei.

137 [bj] **Berneliu Uzeiga** €-€€, M. Valanchiaus g. 9, 37 200913, www.berneliuuzeiga.eu, So.-Do. 11-23, Fr. 11-24, Sa. 11-1 Uhr. Traditionelle litauische Küche in rustikal-urigem Ambiente.

› **Daugirdas** €€, im gleichnamigen Hotel (s. S. 123), www.daugirdas.lt, Tel. 37 301561, tägl. 12-23 Uhr. Hotel-Restaurant in gotischem Keller.

› **Diverso** €€-€€€, im Hotel Park Inn (s. S. 123), Tel. 37 306226, tgl. 11-23 Uhr. Modernes Hotel-Restaurant in der Neustadt. Klassische Hotelküche mit großem Angebot!

138 [bj] **Medziotoju Uzeiga** €€-€€€, Rotušės a. 10, Tel. 37 320956, www.medziotojai.lt, tgl. 11-24 Uhr. Beliebtes Restaurant am Rathausplatz, empfehlenswerte Wildspezialitäten sind *Sernienos* (Wildschwein), *Stirnienos* (Hirsch) und *Elnienos* (Elch).

› **Perkūno Namai** €-€€, im Perkūno Namai Park Hotel (s. S. 123), tgl. 12-23 Uhr. Vor allem im Sommer wegen des schönen Gartens gern besuchtes Hotel-Restaurant.

139 [cj] **Senieji Rusiai** €€-€€€, Vilniaus g. 34, Tel. 60102525, www.seniejirusiai.lt, Mo.-Do. 11-24, Fr. 11-1, Sa. 12-1, So. 12-23 Uhr. Schönes Kellerlokal mit 120 Plätzen, Gegrilltes bei Kerzenlicht und umfangreiche Weinkarte, preiswerter Mittagstisch.

EXTRATIPPS

Essen mit Aussicht

144 [bk] **Daugirdas** €€-€€€, T. Daugirdo g. 4, Tel. 8 37301561, www.daugirdas.lt, tgl. 12–23 Uhr. Schöne Blicke über die Altstadtdächer bietet die Dachterrasse des Daugirdas-Hotels, wo immer wieder neue Menüs auf den Tisch kommen.

Dinner for One

145 [ej] **Uoksas** €€, Maironio g. 28, Tel. 868638881, www.uoksas.eu, Mo. 16–20, Di.–Do. 16–22, Fr. 16–24, Sa. 12–24, So. 12–18 Uhr, Mo.–Fr. Mittagstisch 12–15 Uhr, Sa./So. Brunch 12–15 Uhr. Beste Frischeküche mit gutem Preis-Leistungs-Verhältnis. Für Abwechslung sorgen die Köche, denen man bei ihrer Arbeit zusehen kann.

Lecker vegetarisch

146 [ej] **Arbatine** €, Laisves al. 100, Tel. 67986939, Mo.–Fr. 8–20, Sa./So. 10–18 Uhr. Vegetarisches und Veganes für Zwischendurch!

147 [fj] **Radharane** €-€€, Laisves al. 40, Tel. 37 362941, www.radharane.lt, tägl. 11–21 Uhr. Vegetarisches Restaurant nahe der Peter-und-Paul-Kathedrale. Im Angebot sind u. a. Suppen und Gemüseeintöpfe.

Preiskategorien

Preise für ein Menü inklusive Vorspeise, Hauptgericht und Nachspeise ohne Getränke (pro Person).

€	bis 15 €
€€	bis 25 €
€€€	ab 25 €

Für den kleinen Hunger

140 [gj] **Kavinė Kultura** €€, K. Donelaicio g. 16, Tel. 67636928, Mo.–Di. 12–24, Mi.–Fr. 12–2, Sa. 15–2 Uhr. Kleines Bistro-Restaurant im Retro-Stil am Rand der Innenstadt mit Sommerterrasse.

141 [cj] **Motiejaus kepyklele** €, Vilniaus g. 7, Tel. 61615599, tgl. 8–19 Uhr. Vor allem bei den Einheimischen beliebte Bäckerei, die Kleinigkeiten wie Croissants und anderes zu Kaffee oder Tee bietet. Idealer Frühstücksplatz!

142 [ej] **Spurginė** €, Laisves al. 84, Tel. 37 200355, Mo.–Fr. 8.30–20, Sa. 9–20, So. 10–19 Uhr. Nomen est Omen: Spurga sind die litauischen Donuts, also Teigtaschen, die in dem kleinen Bistro mit Kaffee oder Tee serviert werden. Sehr beliebt bei den Einheimischen.

Cafés

In den letzten Jahren hat sich auch in Kaunas Europas Kaffekultur breitgemacht. Es gibt immer mehr Cafés, die mit kleinen Süßigkeiten und herzhaften kleinen Speisen verwöhnen.

143 [bj] **Chocolaterie,** Rotušės a 26, Tel. Tel.68644994, www.sokoladine.lt, Mo.–Do. 8–21, Fr. 8–22, Sa. 9–22, So. 10–21 Uhr. Selbstgemachte Schokolade, feine Tees, Pralinen und Kuchen in nostalgischem Ambiente. Ein zweiter Schokoladen liegt im Obergeschoss des Einkaufszentrums Akropolis.

Auch in Kaunas bestimmen Kartoffelgerichte den Speiseplan der Einheimischen. Satt machen sie immer!

092vl Abb.: gs

148 [fj] **Green Cafe (1),** Laisves al. 46, Tel. 61244335, Mo.-Fr. 7.30-21, Sa. 9-20, So. 10-19 Uhr. Kaffeeparadies in der Fußgängerzone. Beste Bohnen, perfekt gebrüht! Weitere Filiale:

149 [ej] **Green Cafe (2)** Laisves al. 80.

150 [bj] **Kavos Klubas,** M. Valančiaus g. 19, Tel. 37 229669, Mo.-Sa. 9-23, So. 9-21 Uhr. Gemütliches Café mit schöner, überdachter Sommerterrasse unweit des Rathausplatzes mit Kuchen und einfachen Speisen.

151 [cj] **Vero Cafe,** Vilniaus g. 18, Tel. 61855405. www.verocafe.lt, Mo.-Do. 7.30-22, Fr. 7.30-23, Sa. 9-23, So. 10-22 Uhr. Beliebtes Café in der Fußgängerzone. DieKette unterhält u. a. im Einkaufszentrum Akropolis und in der Laisves alėja (Nr. 75 und 86) weitere Cafés.

Bars, Klubs und Discos

152 [gj] **Aperitivo,** Laisvės al. 27, Tel. 69917570, Mo.-Do. 17-23, Fr./Sa. 17-4, So. 17-23. Beliebte und stylische Cocktailbar.

153 [ej] **Bardakas,** Laisvės al. 93, Tel. 63338362, So.-Do. 17-23, Fr./Sa. 17-4 Uhr. Amerikanisch gestylter Whiskey-Treff mit viel Livemusik. Eintritt.

154 [fj] **Dzem'pub,** Laisvės al 59, Tel. 8 65745003, www.dzempub.lt, Di.-Do. 17-3, Fr./Sa. 17-4 Uhr. Tanzlokal mit großem Panoramafenster im 5. Stock, wo hin und wieder auch Bands spielen. Junges Publikum.

155 [bj] **Gyvas,** Muitinės g. 1/Rotuses 6a, Tel. 8 68530141, Mo.-Do. 15-24, Fr. 15-2, Sa. 13-2, So. 13-24 Uhr. Kleine Bierbar in Rathausnähe. Im Angebot sind fast drei Dutzend Biere litauischer Hausbrauereien.

156 [gj] **Punto Jazz Palepe,** Kęstučio g. 6, Tel. 37200486, www.puntojazz.lt, Jazz- und Rockkneipe mit regelmäßigen Livekonzerten, gewöhnlich ab 21 Uhr geöffnet.

157 [fj] **Vingiu Dubingiu Alude,** K. Donelaičio g. 41/A. Mickevičiaus g. 35, Tel. 636 94848, www.vingiu-dubingiu.lt, Di.-Sa. 16-1 Uhr. Kleine, gemütliche Bierbar, in der es lokale Craftbeer-Sorten gibt.

Am Puls der Stadt

„Kaunas", spottete man einst in Vilnius, „ist nur ein Tankstopp auf dem Weg zur Ostsee." Dahinter verbarg sich ein gewisses Maß an Hochmut, aber auch unterschwelliger Neid auf den Nachbarn, der mehr als Vilnius die Seele Litauens verkörpert: Während in der Hauptstadt die Internationalität regiert, versteht sich Kaunas als die eigentliche litauische Metropole des Landes. Hier sind neun von zehn Bürgern Einheimische.

Auch in Kaunas ist die neue Zeit nicht zu übersehen: Die alte Burg 34 *wurde aufgemöbelt, das Herz der Altstadt rund um das Rathaus* 35 *saniert. Neue Einkaufszentren entstanden. Und auf der Memel-Halbinsel stampfte man eine der größten Sporthallen des Baltikums aus dem Boden, die heute Heimstatt für Litauens beste Basket- und Handballer ist. Verlangsamt hat sich so der Exodus vieler Bürger, die wegen mangelnder Arbeitsplätze und fehlender Berufsperspektiven der Stadt in den letzten Jahrzehnten den Rücken kehrten und zu einem Schwund der Einwohnerzahl beitrugen.*

Neues Leben haben der Stadt auch die vielen zehntausend Studenten eingehaucht. Am meisten aber hat Kaunas gastronomisch aufgerüstet. Heute braucht kein Reiseführer mehr über schlechtes Essen zu mäkeln. Mit rund 40 Museen steht Kaunas dem mächtigen Nachbarn Vilnius kaum nach – und groß ist der Reigen von Festivals, Messen, Kongressen und anderen Veranstaltungen. Inzwischen hat man ein neues, großes Ziel im Auge: 2022 präsentiert sich Kaunas als Kulturhauptstadt Europas.

Kaunas für Shoppingfans

Natürlich kann sich Kaunas als Einkaufsstadt nicht mit Vilnius messen. Man findet aber auch hier sicher das eine oder andere Souvenir, und dies unter Umständen sogar viel preiswerter als in Vilnius. Kleine **Galerien** und **Kunsthandwerksläden** in der Altstadt – etwa in der vom Rathausplatz abzweigenden M. Valančiaus gatvė [b–cj] oder in der Vilniaus gatvė [cj] – bieten Ausgefallenes und Schönes. Leider hat die Haupteinkaufsstraße, die **Laisvės alėja**, durch den Bau des mehrstöckigen Einkaufszentrums **Akropolis** mit seinen über 250 Anbietern an Attraktivität verloren. Für Schnäppchenjäger ist der Markt **URMAS** (s. S. 103) am Rand der Stadt gedacht, der größte im Baltikum. **Tipp:** Alle, die anspruchsvolle Souvenirs suchen, finden auf der Website www.kaunastic.lt passende Adressen.

Einkaufszentren

158 [fk] **Akropolis,** Karaliaus Mindaugo pr. 49, Tel. 8 61149756, www.akropolis.lt, tgl. 8–22 Uhr. Riesiges Einkaufsparadies im Zentrum mit mehr als 2000 Parkplätzen. Kleine und große Geschäfte, Restaurants, Kino und Cafés. Die Eislaufarena lockt im Sommer mit Rabatten.

159 **Mega,** Islandijos pl. 2, Tel. 37 239000, www.mega.lt, tgl. 8–24 Uhr. Außerhalb der Stadt gelegenes Einkaufszentrum mit mehr als 200 Geschäften, einem guten Dutzend Restaurants, Mini-Zoo und einem Kino. Publikumsattraktion ist ein spektakuläres Aquarium. Neben tropischen Fischen ziehen dort auch Haie ihre Runden und werden Di., Do. und Fr. um 17, Sa. um 13 Uhr gefüttert. Anfahrt: Bus 21 und 38.

Markt

160 Aleksoto Turgus (Alexotas Markt), Velveriu 47b, Tel. 37 391464, Di.–So. 6–15 Uhr. Am Stadtrand gelegener Markt mit vielen Flohmarktartikeln. Die Stadtbusse 6 und 6a fahrten dorthin sowie die kleinen Minibusse mit Ziel Aleksotas.

161 Vilijampoles Turgus (Vilijampole-Markt), Varniu g. 48b, Tel. 37 362070, www.vilijampolesturgus.lt, Mo. 9–15, Di.–Fr. 7–18, Sa./So. 7–16 Uhr. Klassischer Wochenmarkt, der neben Lebensmitteln auch Haushaltswaren und Kleidung anbietet.

Ausgefallene Einkaufsideen

162 [bj] **Balta Galerija,** M. Valančiaus g. 21, Tel. 37 200885, www.galerijabalta.lt, Mo.–Sa. 10–18 Uhr. Kleine, vor allem auf Arbeit mit Textilien spezialisierte Galerie mit künstlerischem Anspruch und kleinem Café.

163 [bj] **Galerija Spalvu paslaptys,** M. Valančiaus g. 12–19, Mo.–Fr. 10–18, Sa. 10–15 Uhr. Tel. 37 425500. Kleine Boutique mit individuellem Kunsthandwerk, vor allem Keramik.

164 Jaukūs Namai, Juozapavičiaus pr. 21, Tel. 37 341342, www.kimono.lt, Mo.–Fr. 10–18, Sa. 10–15 Uhr. Auf exklusive Textilhandarbeiten spezialisierter Familienbetrieb weit außerhalb der Stadt: Kissen, Tischdecken und Kimonos.

165 [ej] **Lino Namai,** Laisvės al. 88, Tel. 37 209711, www.siulas.lt, Mo.–Fr. 10–19, Sa. 10–16 Uhr. Verkaufsladen des ältesten litauischen Leinenproduzenten: Bett- und Küchentücher, Kleidung und Accessoires.

166 [cj] **Parko galerija,** M. Valančiaus g. 6, Tel. 68741790, www.parkogalerija.lt, Mo.–Fr. 11–18, Sa. 11–15 Uhr. Galerie der litauischen Künstlervereinigung mit hochwertigen Produkten aus Glas, Keramik und anderen Materialien.

EXTRATIPP

Litauens Einkaufsstädtchen

Mehr als 1500 Händler bieten im URMAS auf über 70.000 m² Fläche täglich mehr als 25.000 Besuchern vielfältige Einkaufsmöglichkeiten. Fast 6000 Menschen haben hier ihren Arbeitsplatz. Aus ganz Litauen kommen die Kunden, aber auch aus Lettland, Polen und Russland. Frischen Fisch, Gemüse, Obst und Fleisch bieten die Händler auf dem Markt, aber auch Hemden für 5 €, Lederjacken für 10 €, Jeanshemden für 15 €. Wer will, kann mit den Anbietern um **Preise** feilschen, vieles ist Verhandlungssache. Das gilt vor allem für Antiquarisches. Woher die Sachen stammen, will keiner so genau wissen! Vor allem am Wochenende bieten viele Händler ihre Waren direkt aus dem Kofferraum ihrer Autos an.

Publikumsrenner sind die zweimal jährlich stattfindenden **Antikmärkte,** zu denen jeweils über 100.000 Besucher kommen. Wer alle Marktstände besuchen will, so haben kluge Leute ausgerechnet, braucht mindestens einen halben Tag. Für kleine Pausen bieten sich Schnellimbisse, Restaurants und Cafés an. Und für alle Nostalgiker sind die blitzblank gewienerten Traktoren und Dampfmaschinen, die als Zierde auf dem Gelände stehen, allein schon einen Besuch wert. Fast 3000 Parkplätze gehören zu dem Terrain am Stadtrand, die oft nicht reichen.

167 URMAS, Pramonės pr. 16, Tel. 37 405255, www.urmas.net, tgl. 9–18 Uhr. Vom Stadtzentrum verkehren die Buslinien 20, 28 und 40 zum Einkaufszentrum. Das gleiche Ziel hat auch der Minibus Nr. 99, dessen Endhaltestelle das Marktstädtchen ist.

094vl Abb.: gs

Zur richtigen Zeit am richtigen Ort

In Kaunas schlägt das litauische Herz am heftigsten und weil die Balten Musik über alles lieben, dominieren die Musikfestivals den Veranstaltungsreigen. Operette und Musical, Jazz und Folklore, klassische und zeitgenössische Klänge, ernste, aber auch unterhaltende Musik stehen hier fast das ganze Jahr über auf dem Programm. Glocken- und Orgelspieler haben ebenso ihre eigenen Festivals wie Cineasten, Folkloristen oder die Freunde von mittelalterlicher oder zeitgenössischer Musik oder Tanz.

- **Kaunas Jazz Festival:** Internationale Veranstaltung mit über 20-jähriger Tradition (April, www.kaunasjazz.lt)
- **Fest der Stadt Kaunas:** Mittelalterfest auf den Plätzen und Straßen der Stadt. Erinnerung an die Verleihung der Stadtrechte (Mai, www.tautosnamai.lt).

Weihnachtsmarkt auf dem Rathausplatz 35 in Kaunas

- **Kaunas cantat:** Wettstreit von Gesangsgruppen mit weltlichen und religiösen Liedern (Anfang Mai, www.kaunascantat.lt)
- **Hansetage Kaunas:** Traditionelles Fest der einzigen Hansestadt in Litauen, großer Markt und viel Folklore (Mai, www.kaunas.lt)
- **Musikfestival Pažaislis:** Drei Monate lang gastieren Orchester und zum Teil weltbekannte Sänger und Sängerinnen im Kloster Pažaislis (Juni–Aug., www.pazaislis.lt).
- **Kaunas Marathon:** Langstreckenlauf durch die Stadt. Mit nur 14 Metern Steigung insgesamt verspricht die Strecke den einen oder anderen Rekordlauf (Juni, www.kaunasmarathon.lt).
- **Operette auf der Burg Kaunas:** Operetten, aber auch Musicals mit internationaler Besetzung (Juli, www.operetta.lt)
- **Weihnachtsmarkt:** Zum Jahreswechsel trifft sich die Stadt auf dem Rathausplatz (Dezember/Januar, www.kaunas.lt).

PRAKTISCHE REISETIPPS

107vl Abb.: gs

An- und Rückreise

Die schnellste und oft auch preisgünstige An- und Abreiseoption nach/von Litauen ist das **Flugzeug.** So gibt es zahlreiche Nonstop-Verbindungen nach Vilnius. Preiswerter sind allenfalls **Busanreisen,** die aber recht zeitraubend sind – ähnliches gilt auch für die **Bahn.** Das eigene **Auto** mitzunehmen, lohnt sich eigentlich nur für mehrköpfige Familien, die außer dem Besuch der beiden Städte Vilnius und Kaunas auch ein paar schöne Ferientage an der Ostsee einplanen.

Mit dem Flugzeug

Gleich **zwei Flughäfen** bieten sich dem Litauen-Reisenden an: Vilnius Airport, der größte Flughafen des Landes, und der Flughafen von **Kaunas,** der allerdings von den deutschsprachigen Ländern nicht mehr direkt angesteuert wird.

Der Flughafen von **Vilnius** wird ab Frankfurt von **Lufthansa** und ab Wien von **Austrian Airlines** täglich **direkt** angeflogen. Von Bremen, Köln-Bonn, Frankfurt-Hahn, Nürnberg oder Berlin bietet Ryanair Direktverbindungen nach Vilnius. **Air Baltic** offeriert von einigen Flughäfen aus Umsteigeverbindungen via Riga nach Litauen. Aber auch die polnische Fluglinie **LOT** und die skandinavische **SAS** oder die ukrainische Fluglinie **Ukraine Airlines** haben über ihre Drehkreuze in Warschau, Kiew und Kopenhagen immer wieder preisgünstige Flüge nach Vilnius im Angebot.

Wer sehr früh bucht, kommt schon zu **Preisen** von rund 150 bis 250 € bequem nach Litauen und zurück. Wer seine Reise mit einem Kurzurlaub an der baltischen Ostsee kombinieren möchte, ist – vor allem im Sommer – unter Umständen mit einem Flug nach **Palanga** recht günstig dabei. Das kleine Ostseestädtchen liegt rund drei Autostunden von Vilnius entfernt.

Suchmaschinen wie etwa www.swoodoo.com helfen bei der Jagd nach einem **Schnäppchen.** Auf Nummer sicher geht man, wenn man die Websites der Fluggesellschaften nach günstigen Angeboten durchforstet. Oft kann man, wenn man seine Reise nur um ein paar Stunden oder Tage verlegt, viel Geld sparen.

› www.lot.com
› www.ryanair.com
› www.lufthansa.com
› www.austrian.com
› www.flysas.com
› www.airbaltic.com
› www.wizzair.com
› www.flyuia.com

Es ist kein Problem, vom **Vilnius Airport (VNO),** der rund 7 km außerhalb der Stadt liegt, in die City zu kommen. Ein **Zug** bringt den Reisenden in nicht einmal zehn Minuten in die Innenstadt (Fahrpreis: knapp 80 Cent, große Koffer kosten extra). Die Züge verkehren gewöhnlich zwischen 6 und 21.30 Uhr, Tickets gibt es an Bord. Der **Bahnhof** befindet sich neben dem Terminal und ist über einen überdachten Weg zu erreichen.

‹ Vorseite: Das Tor der Morgenröte (21) mit dem weltberühmten Marienbild gehört noch immer zu den touristischen Top Five in Vilnius

Häufiger, aber meist auch zeitraubender sind die **Busverbindungen** in die Stadt. Bus Nr. 88 (nachts Nr. 88N) fährt nach jeder Landung eines Flugzeugs, egal ob spätnachts oder frühmorgens, in die Altstadt und weiter zum Unabhängigkeitsplatz. Bus Nr. 1 ist tagsüber zum Bahnhof unterwegs. Tickets kosten 1 € und werden beim Fahrer gelöst. **Taxis** warten vor dem Flughafengebäude und brauchen ohne großen Stau etwa eine gute Viertelstunde in die Innenstadt. (Am besten bestellen Sie ihr Taxi in der Touristeninformation auf dem Flughafen vor, das ist meist billiger!)

› www.vilnius-airport.lt

Kaunas Airport (KUN) befindet sich 12 km nordöstlich von Kaunas und ist durch **Taxis** und **Busse** an die Stadt angebunden. Die Fahrtzeit beträgt jeweils ca. 30 Minuten.

› www.kaunasair.lt

Mit dem Auto

Reisende mit Auto müssen für die An- und Abreise **viel Zeit** einplanen – und meist auch die Mautgebühren auf den polnischen Autobahnen. So dauert die Fahrt von Berlin nach Vilnius elf bis zwölf Stunden. Noch länger ist man von Österreich, der Schweiz oder dem Westen Deutschlands aus unterwegs. Außerdem muss man in der Regel je eine **Übernachtung** auf der Hin- und der Rückfahrt ins Reisebudget einrechnen. Auf alle Fälle führt die Reise durch **Polen,** für viele Süddeutsche, Österreicher und Schweizer zudem auch durch **Tschechien** oder die **Slowakische Republik.** Eine der schnellsten Autorouten führt über Berlin, Warschau und Kaunas nach Vilnius.

Am besten kalkuliert man mithilfe von **Routenplanern** die optimale Fahrtstrecke, die nicht immer die schnellste sein muss. Da man ohnehin in der Regel sein Ziel nicht in einem Tag erreichen kann, lohnt es sich, seinen **Zwischenstopp** genau auszusuchen. Dass kann für Norddeutsche z. B. Danzig sein und für alle aus dem Süden Anreisenden Krakau. Das sind Städte, die vor allem für kulturell Interessierte auch einen zusätzlichen Urlaubstag verdient haben. Finanziell lohnend kann auch eine Fahrt mit der **Autofähre** von Kiel nach **Klaipėda** sein, das durch eine Schnellstraße mit Kaunas und Vilnius verbunden ist. Leider sind die Nachtfahrten mit Unterkunft in Kabinen vor allem im Sommer und Herbst nicht ganz billig, doch wer Monate im Voraus bucht, kommt auch hier an günstigere Tickets, deren Preise sich wie bei den Billigfluggesellschaften nach Verfügbarkeit und Auslastung richten (Angebote unter www.dfdsseaways.de).

Zur **Einreise** mit dem Auto benötigt man neben den Fahrzeugpapieren einen gültigen nationalen oder internationalen Führerschein. Außerdem eine **grüne Versicherungskarte,** die auch **ausdrücklich für Litauen (Länderkürzel LT) zugelassen** sein muss. Ihre Mitnahme ist gesetzlich zwar nicht vorgeschrieben, aber bei Kontrollen im Land oder nach einem Unfall wird immer danach gefragt. Das kleine „D“, „A“ oder „CH“ auf dem Nummernschild genügt, eine weitere Ländermarkierung ist nicht notwendig. Wer mit einem **Dienstwagen** anreist, benötigt zudem eine notariell beglaubigte Bestätigung seines Arbeitgebers, dass er das Auto nutzen darf. Außerdem ist das Mitführen eines **Feuerlöschers** und einer **Warnweste** auch in Litauen Pflicht!

095vl Abb.: gs

Mit der Bahn

Schneller als mit dem Auto kommt man auch mit dem Zug nicht nach Litauen, allerdings kann man einen Teil seiner Reisezeit im **Schlafabteil** verbringen, was einem die Übernachtung im Hotel erspart. Die Bahnverbindungen führen meist über die Städte **Berlin** und **Warschau**, die auch als Umsteigebahnhöfe dienen. Inzwischen gibt es auch eine durchgängige Bahnverbindung zwischen dem polnischen Białystok und Kaunas (Fahrzeit rund fünf Stunden), sodass man sich bei der Reise nach Litauen den Umweg über Weißrussland sparen kann. Die neue Strecke hat zudem den Vorteil, dass sie im EU-Raum bleibt und man sich Pass- und Grenzkontrollen erspart.

Im besten Fall beträgt die **Fahrtzeit** von Berlin oder Wien nach Vilnius fast einen Tag, von Zürich ist man sogar länger als einen Tag unterwegs. Über die besten Zugverbindungen informieren die Websites der Bahngesellschaften. Die meisten Züge sind **reservierungspflichtig!**

› www.bahn.de
› www.sbb.ch
› www.oebb.at
› www.traukiniobilietas.lt

Mit dem Bus

Eine Überlegung ist die An- und Abreise mit dem Bus wert. Auch dabei wird in der Regel nachts durchgefahren und man spart Übernachtungskosten. So gibt es von Städten wie Berlin oder Wien täglich Verbindungen nach Vilnius. Bei früher Buchung liegen die Fahrpreise für Hin- und Rückfahrt manchmal unter 100 €.

› www.eurolines.com.
› www.fernbus24.de
› www.busliniensuche.de

⌃ Fahrkartenschalter in Vilnius: mit Englischkenntnissen kommt man auch hier meist weiter

› Die Vytautas-Brücke 38 in Kaunas queren stündlich ca. 3000 Fahrzeuge

076vl Abb.: gs

Von Kaunas nach Vilnius

Kaunas und Vilnius sind über Schiene und Straße bestens miteinander verbunden. Eine **Autobahn** (Achtung: Höchstgeschwindigkeit 100 km/h) macht die Stippvisite zum einfachen Tagesausflug. Bequemer und oft auch schneller geht es per **Bahn.** So gibt es mehr als zwei Dutzend täglicher Direktverbindungen zwischen den beiden Städten, von morgens früh bis abends gegen 20 Uhr. Die Fahrzeit beträgt, je nach Zahl der Zwischenhalte, knapp eineinhalb Stunden.

Autofahren

Obwohl die vielen Geschwindigkeitskontrollen im Land die Zahl schwerer Unfälle inzwischen reduziert haben, sind die Unfallraten noch immer sehr hoch. Daran sollte man immer denken! Die **Straßen** können einem vor allem im Winter Probleme bereiten, denn viele Routen werden nicht geräumt. Zum Teil – wie zwischen Vilnius und Kaunas – gibt es auch vierspurige Schnellstraßen, allerdings sind die nicht ohne **Kreuzungen!** Auch muss man immer mit **Pferdefuhrwerken, Radfahrern** oder **Fußgängern** auf der Straße rechnen. Merken sollte man sich auch, dass Busse besondere Vorfahrtsrechte haben.

Nach einem **Unfall** muss man immer die **Polizei** (s. S. 119) rufen! Auch darf am Unfallort nichts verändert werden, bis die Ordnungshüter ihre Ermittlungen abgeschlossen haben. Unfallbeteiligte sollten keine Dokumente unterschreiben, die sie nicht verstehen. Im Zweifelsfall bitte einen Übersetzer verlangen!

Wie alle zivilisierten Staaten kennt auch Litauen **Tempolimits**, deren Überschreitung teuer wird und die Urlaubskasse schnell schmälern kann. Auf litauischen **Autobahnen** gilt von Anfang April bis Ende Oktober eine **Höchstgeschwindigkeit** von 130 km/h. Den Rest des Jahres ist das Tempo auf 110 km/h begrenzt, wenn nicht Verkehrszeichen eine andere Geschwindigkeit vorschreiben. Auf der **Schnellstraße zwischen Vilnius und Kaunas** gilt meist Tempo 100, daran sollte man sich auch halten, da auf diesem Abschnitt besonders oft kontrolliert wird. Bei zu schnellem Fahren winken hohe **Bußgelder**, die an Ort und Stelle kassiert werden. Dabei tut man gut daran, sich für die Geschwindigkeitsübertretung zu entschuldigen und die Ordnungshüter nicht zu provozieren.

Auf **asphaltierten Landstraßen** gilt eine Höchstgeschwindigkeit von 90 km/h, auf **Schotterpisten** 70 km/h und **innerorts** 50 km/h. Wer seinen Führerschein weniger als zwei Jahre besitzt, darf auf Autobahnen und Schnellstraßen höchstens 90 km/h bzw. auf Landstraßen 70 km/h fahren. Ansonsten gelten die üblichen internationalen Verkehrsvorschriften wie „rechts vor links" – und natürlich besteht auch in Litauen eine Anschnallpflicht, die selbst für Taxis gilt.

Besondere Beachtung verdienen die **Ampelschaltungen:** Grün – blinkendes Grün – Gelb – Rot. Das blinkende Grün entspricht dem bei uns üblichen Gelb. Wer bei Gelb oder Rot eine Ampel überfährt, zahlt ein Bußgeld. Meist ist aber auch bei roter Ampel das Rechtsabbiegen erlaubt (angezeigt durch grüne Pfeile).

Von Mitte November bis Anfang April sind in Litauen **Winterreifen** Pflicht und es muss sogar ganzjährig mit **Abblendlicht** gefahren werden.

Die **Alkoholgrenze** beträgt 0,4 Promille. Wer dagegen verstößt, muss mit saftigen Geldbußen rechnen. Im schlimmsten Fall wird der Führerschein eingezogen und das Auto beschlagnahmt. Strafe riskiert auch, wer mit einer angebrochenen Flasche Alkohol im Auto angetroffen wird. Für Fahranfänger, Motorrad- und Mopedfahrer gilt zudem die Null-Promille-Grenze.

Das **Tankstellennetz** in den Städten ist gut. Die Spritpreise sind im Vergleich zu Deutschland etwas niedriger. In der Regel symbolisieren die Farben der Tankrüssel an den Zapfsäulen die Art des Kraftstoffes. So steht eine **grüne Farbe** für bleifreies und **rote** für verbleites Benzin, **schwarz** zeigt Diesel an.

Gebührenpflichtige Parkplätze sind mit einem „P" gekennzeichnet. Das Parkticket muss deutlich sichtbar im Fahrzeuginneren hinterlegt werden. Die Innenstädte von Kaunas und Vilnius sind in verschiedenfarbige **Parkzonen** aufgeteilt, die alle ihre eigenen Parkgebühren haben. In Vilnius kostet eine Stunde Parken in der teuren blauen Zone 1,80 €, in der roten 0,90 €, in der gelben 0,60 € und in der grünen Parkzone 0,30 €. Die gebührenpflichtigen Parkzeiten sind gewöhnlich von 8 bis 20 Uhr, in der Innenstadt auch länger. Dort müssen die Parkuhren auch sonntags bedient werden.

Bezahlt wird an Automaten, die entweder Münzen annehmen oder mit gängigen Maestro-(EC)- oder Kreditkarten funktionieren. Seit Neuestem kann man auch per Handy zahlen, wenn man sich vorher hat registrieren lassen. Voraussetzung ist das Nutzen einer lokalen SIM-Karte! Wertgegenstände sollte man – egal wo – auf keinen Fall im geparkten Fahrzeug lassen! Wer sein Auto im **Halteverbot** abstellt, **reservierte Plätze** *(rezervuota)* belegt oder seine **Parkgebühren** nicht ordnungsgemäß bezahlt, muss damit rechnen, **abgeschleppt** zu werden oder mit einer **Parkkralle** am Weiterfahren gehindert zu werden.

Pannenhilfe bietet der **Automobilklub von Litauen (LAS)** unter Tel. 880000000 bzw. Mobil-Tel. 1888. Die Pannenhilfe ist kostenlos, das Abschleppen muss aber bezahlt werden. Da die Nothilfe nicht verpflichtet ist, Nichtmitgliedern zu helfen, empfiehlt es sich, vor Reiseantritt bei einem der großen Automobilklubs einen im Ausland gültigen **Auslandsschutzbrief** zu erwerben. Der erspart einem unter Umständen größere Ausgaben.

- **ADAC:** Tel. +49 (0)89 222222
- **ÖAMTC:** Tel. +43 (0)1 2512000
- **Touring Club Schweiz:** Tel. +41 (0)22 4172220

Mietwagen

Auf den Flughäfen oder auch in den Städten haben große Mietwagenfirmen Verleihstationen. Neben den internationalen Verleihern bieten auch zahlreiche lokale Firmen wie Autobanga ihre Dienste an. Am günstigsten ist es aber, wenn man sein Fahrzeug schon von zu Hause aus bucht, am besten über einen der **Internetbroker.**

- www.autobanga.lt
- www.billiger-mietwagen.de

Barrierefreies Reisen

Menschen mit einer Gehbehinderung haben es in den litauischen Städten nicht immer leicht. Zwar hat man in den letzten Jahren viele Einrichtungen rollstuhltauglich ausgestattet, doch fehlen Kirchen und Museen oft noch passende Zugänge.

Viele der touristischen Pfade in Vilnius oder Kaunas sind ebenfalls **nicht barrierefrei.** Haupthindernisse sind Kopfsteinpflaster und Treppen. Etwas besser sieht es bei den **öffentlichen Verkehrsmitteln** aus. Alle neuen Busse und Bahnen sind inzwischen behindertengerecht ausgestattet.

ℹ168 [J9] **Informations- und Beratungsbüro für Behinderte in Vilnius,** Mindaugo g. 42a, Tel. 5 2337344, www.tpnc.lt. Das Informations- und Beratungsbüro in Vilnius bietet spezielle Informationen für Menschen mit Behinderung an (lit./engl.).

Diplomatische Vertretungen

In Deutschland, Österreich und der Schweiz

- **Botschaft der Republik Litauen,** Charitéstraße 9, 10117 Berlin, Tel. 030 8906810, http://de.mfa.lt
- **Botschaft der Republik Litauen,** Löwengasse 47/4, 1030 Wien, Tel. 01 7185467, http://at.mfa.lt
- **Konsulat der Republik Litauen,** Ch. Louis-Dunant 15, 1202 Genf, Tel. 227482470, http://ch.mfa.lt

In Vilnius

•169 [I8] **Botschaft der Bundesrepublik Deutschland,** Z. Sierakausko g. 24, 03105 Vilnius, Tel. 5 2106400, Bereitschaft für Notfälle innerhalb Litauens Tel. 865055510, www.wilna.diplo.de, geöffnet Mo.–Do. 8–16.30, Fr. 8–15 Uhr

•170 [J8] **Honorarkonsulat der Republik Österreich,** Jogailos g. 9, 01116 Vilnius, Tel. 5 2666682, www.austrianconsulate.lt, Mo. 15–17 und Do. 10–12 Uhr

•171 [K5] **Schweizer Generalkonsulat,** Lvovo g. 25, 09320 Vilnius, Tel. 5 2032969, www.eda.admin.ch

Ein- und Ausreisebestimmungen

Für Deutsche, Schweizer und Österreicher genügt ein gültiger **Personalausweis** oder **Reisepass** für die Einreise. Alle Dokumente sollten noch mindestens drei Monate nach der Ausreise aus Litauen gültig sein und auf der Reise immer mitgeführt werden.

Mitgebrachtes **Bargeld** von mehr als 10.000 € muss an der Grenze deklariert werden. Bei der Ausreise ist Folgendes zu beachten: **Antiquitäten**, die älter als 50 Jahre sind, müssen ordnungsgemäß ausgeführt werden. Die passenden Papiere füllen die Antiquitätenhändler auf Wunsch gern aus. Im Übrigen gelten die in der EU üblichen Zollbestimmungen.

Elektrizität

In Litauen beträgt die Stromspannung **220-Volt/50-Hz-Wechselstrom**. Für mitgebrachte Geräte wie Föhn, Handy oder Laptop dürfte es so keine Probleme geben und man braucht auch keinen Adapter.

Geldfragen

2015 wurde auch in Litauen der **Euro** eingeführt. Für Deutsche und Österreicher entfällt so der früher übliche Währungsumtausch. Geldautomaten stehen genügend zur Verfügung. Allerdings fallen bei Auslandsabhebungen unter Umständen Transaktionsgebühren an.

Am besten fährt man mit einer **Kreditkarte**, da alle größeren Hotels und Geschäfte und viele Restaurants auf Kartenzahlung eingestellt sind.

Litauen ist auch nach der Einführung des Euro noch immer ein **preiswertes Reiseland. Restaurantbesuche** sind oft deutlich günstiger als in deutschsprachigen Regionen. Dies gilt vor allem für Restaurants auf dem Land oder in den Außenbezirken der Großstädte, im Kern von Vilnius oder Kaunas ist das Preisniveau etwas höher. Auch Alkohol und Zigaretten sind preiswerter. Die Hotel- und Taxipreise sind im Durchschnitt ebenfalls günstiger als im Rest Europas, Gleiches gilt für Bus- und vor allem Bahntickets. Selbstversorger profitieren von **niedrigen Lebensmittelpreisen**, die auf öffentlichen Märkten noch einmal günstiger ausfallen können als im Supermarkt.

Bei Übernachtung in einem Mittelklassehotel und mit Frühstück und zwei weiteren Mahlzeiten am Tag, kommt man, ein paar Museumsbesuche und eine Taxifahrt mit eingerechnet, pro Person mit einem Tagessatz von 120 € gut aus.

Hygiene

In Kaunas und Vilnius ist das **Trinkwasser** von guter Qualität, sodass es nicht abgekocht werden muss. Auch die öffentlichen **Toiletten** sind meist in einem guten Zustand. Allerdings verlangen manche Hotels, Bars und Restaurants für Nichtgäste eine kleine Nutzungsgebühr. Auf alle Fälle sollte man sich den Satz „Kur tualetas?“ merken, die Frage nach der nächsten Toilette.

Informationsquellen

Infostellen zu Hause

› **Litauisches Fremdenverkehrsamt in Deutschland**, c/o Aviareps Tourism GmbH, 80331 München, Josephspitalstr. 15, Tel. 089 552533811

Infostellen in Vilnius

Die **Touristeninformation** in Vilnius bietet nicht nur Hilfe bei der Suche und Vermittlung von Unterkünften, sondern gibt auch Ausflugs- und aktuelle Einkaufstipps. Kostenloses Kartenmaterial und Informationsbro-

Vilnius und Kaunas preiswert

*Die **Vilnius City Card** (www.vilnius-tourism.lt), die es als Ein-Tages- (30 €) oder Drei-Tages-Karte (45 €) gibt, bietet dem Vilinius-Besucher große Preisvorteile. Die Karte erlaubt die kostenlose Nutzung der öffentlichen Busse, gewährt Eintritt in die meisten Museen und Ermäßigungen für Stadttouren. Außerdem gibt es für Karteninhaber in vielen Hotels und Cafés sowie in einigen Souvenirläden Rabatte. Erhältlich ist sie in den Touristeninformationen (siehe unten). Die Tages-Karte gibt es auch **ohne Busticket** für 20 bzw. 30 €. Zu jeder Karte gibt es eine Broschüre in deutscher Sprache, die alle Vergünstigungen und Ermäßigungen auflistet – vom rabattierten Fahrradverleih bis zur Stadtführung.*

***Vilnius Free Tour** und **Kaunas Free Tour** heißen zwei kostenlose Stadtführungen, die von jungen Leuten in beiden Städten angeboten werden. Die Touren dauern ca. 3 Stunden und statt eines festen Honorars erwarten die Führer ein Trinkgeld. In Vilnius starten die Touren täglich um 10 und 12 Uhr vor dem Alten Rathaus 16, in Kaunas nur an Sommerwochenenden um 13 Uhr vor dem Rathaus 35. Die Touren sind nur für Individualreisende gedacht und meist in englischer Sprache. Ein geführter Rundgang durch vier Bars in Vilnius, der einen guten Einstieg ins Nachtleben der litauischen Metropole bildet, findet donnerstags bis samstags statt und kostet 12 €. Vier Getränke sind im Preis eingeschlossen. Vorige Anmeldungen sind erwünscht bzw. sinnvoll, da die Touren bei schlechtem Wetter und im Winter unter Umständen entfallen können. Genauere Informationen:*

- *www.freetour.com/vilnius*
- *www.freetour.com/kaunas*

schüren zur Stadtgeschichte sind genauso im Angebot wie Audioguides, mit deren Hilfe man die Stadt individuell erkunden kann. Außerdem kann man bei den Infostellen Stadtführungen buchen und die City Card (siehe oben) kaufen, die ihrem Inhaber viele Vergünstigungen gewährt.

- **172** [L8] **Touristeninformation Innenstadt (Hauptbüro),** Pilies g. 2, LT-01124 Vilnius, www.vilnius-tourism.lt, Tel. +370 5 2629660, tgl. 9–12 und 13–18 Uhr
- **173** [L10] **Touristeninformation Altes Rathaus,** Didžioji g. 31, LT-01128 Vilnius, Tel. +370 5 2626470, tgl. 9–13 Uhr und 14–18 Uhr
- **174 Touristeninformation Flughafen,** Rodūnios kelias 2, LT-02189 Vilnius, Tel. +370 5 2306841, tägl. 10–13.30 und 14.30–20 Uhr

Infostellen in Kaunas

- **175** [fj] **Touristeninformation der Region Kaunas,** Laisvės al. 36, LT-44240 Kaunas, http://visit.kaunas.lt, Tel. +370 37 323436, Mo.–Do. 9–18, Fr. 9–17 Uhr. Allgemeine Informationen über touristische Angebote, Verkauf von Tickets für Kultur- und Sportveranstaltungen, Buchung von Ausflügen (auch zum Freilichtmuseum und zum Kloster Pažaislis), Organisation von Stadtführungen und Hotelreservierungen.
- Außerdem gibt es **Infostellen** im Rathaus (Mo.–Fr. 9–18, Sa. 10–16, So. 10–15 Uhr), am Bahnhof (Mo.–Fr. 9–18, Sa. 10–17 Uhr), am Busbahnhof (Mo.–Fr. 9–18, Sa. 10–17 Uhr) und auf dem Flughafen (jeweils eine Stunde vor und nach der Landung von Flugzeu-

gen). Während der Mittagszeit sind die Büros meist ab 13 Uhr für 45 Minuten geschlossen!

Die Städte im Internet

- **www.vilnius.lt:** offizielle Website der Stadt Vilnius, auch auf Englisch
- **www.kaunas.lt:** offizielle Website der Stadt Kaunas
- **www.litauen-info.de:** deutschsprachiges Infoportal zu Litauen
- **www.vilnius-tourism.lt:** Tourismusportal der Stadt Vilnius, das auch auf Deutsch verfügbar ist
- **www.meteo.lt:** Sehr übersichtliche Wetterseite des staatlichen Wetterdienstes, auch auf Englisch
- **www.muziejai.lt:** Webseite der litauischen Museen mit Ausstellungshinweisen und aktuellen Informationen aus dem Kulturleben, auch in deutscher Sprache
- **www.lithuania.travel/de:** offizielles Tourismusportal Litauens (in deutscher Sprache)
- **www.vilnius-hotels.net:** informative Übersichtsseite (auf Englisch) über die Hotelangebote in Vilnius, mit Reservierungsmöglichkeit
- **www.baltictimes.com:** elektronische Kurzausgabe der englischsprachigen Zeitung „Baltic Times“
- **www.baltische-rundschau.eu:** deutschsprachige, nicht kommerzielle Internetzeitung für das Baltikum
- **www.lrs.lt:** offizielle Seite des litauischen Parlaments, auch auf Englisch

Publikationen und Medien

Die größte Tageszeitung in Litauen ist die in Vilnius herausgegebene **„Lietuvios Rytas“** (www.lrytas.lt), die auch Veranstaltungshinweise enthält. In Kaunas erscheint die Zeitung **„Kauno Diena“** (www.kaunodiena.lt). Als Wochenzeitung erscheint die in Riga herausgegebene **„Baltic Times“** (www.baltictimes.com) in englischer Sprache.

Deutsche Zeitungen sind nur schwer erhältlich, können aber in der Deutschen Bibliothek der Vilniusser Universität (Universiteto g. 3, Mo.–Fr. 9–18 Uhr) bzw. der Öffentlichen Kreisbibliothek in Kaunas (Radastų g. 2, Mo.–Fr. 8.30–19, Sa. 10–17 Uhr) gelesen werden. Sie sind eine Art Außenstellen des Goethe-Institutes in Vilnius, das sich für die Förderung deutscher Kultur und Sprache einsetzt. Hin und wieder organisiert das Goethe-Institut auch Veranstaltungen.

B176 [K8] **Goethe-Institut Vilnius,** Gedimino pr. 5, Vilnius, Tel. 5 2314433, www.goethe.de/litauen, Mo.–Fr. 9–13 und 14–18 Uhr

Internet

In Sachen drahtloser Kommunikation gehört Litauen zu den Vorzeigestaaten. So rühmt sich Vilnius, eines der schnellsten Internet-Netze der Welt zu haben. Zahlreiche Plätze und Straßen sind inzwischen öffentliche **WLAN-Hotspots.** Die Innenstadt von Vilnius ist inzwischen sogar fast flächendeckend an das öffentliche WLAN-Netz angeschlossen. Außerdem bieten fast alle **Hotels** und viele **Cafés** und **Restaurants** ihren Gästen einen meist kostenlosen Internetzugang.

Apps

- **eTAKSI:** nützlich für alle Taxikunden. Die App verrät den Weg zur nächsten Taxi-Haltestelle und gibt Preis und Entfernung zum Ziel an (kostenlos für Android).

- **Discover Jewish Lithunia:** App für alle, die das jüdische Vilnius mithilfe des Smartphones entdecken wollen (kostenlos für iOS)
- **Vilnius Tourism:** App, auch auf Englisch, des Tourismusbüros Vilnius (kostenlos für iOS und Android)
- **Lietuvos bankomatai:** Der Weg zum nächsten Geldautomat (kostenlos für Android und iOS)
- **Vilnius transport App:** Der Nahverkehr in Vilnius und mit Stops Kaunas Lite auch in Kaunas (kostenlos für Android und iOS)

Medizinische Versorgung

Das Gesundheitssystem ist gut organisiert. Die Adressen **deutsch sprechender Ärzte** erfährt man in den Botschaften, auch große Hotels helfen in Notfällen schnell weiter. In dringendsten Fällen sollte man direkt ein **Krankenhaus** aufsuchen. Die Behandlung in privaten Kliniken oder bei privaten Ärzten ist oft besser als in staatlichen Einrichtungen – dafür aber auch teurer.

Bei Langzeitaufenthalten sind für alle, die auch andere Regionen bereisen, **Impfungen** gegen **Hepatitis** und **Tollwut** angeraten. Auch sollte jeder gegen Tetanus und Diphterie geimpft sein. Ratsam ist v. a. auch eine FSME-Impfung gegen **Zeckenbisse**, schließlich gehört Litauen zu den Hochrisikoländern. Für reine Städtereisende, die Wälder und Wiesen meiden, ist sie aber nicht unbedingt notwendig. Immer aktualisierte medizinische Reisetipps hält auch der ADAC bereit (Tel. 089 767677) oder das Tropeninstitut auf seiner Website (www.tropeninstitut.de/ihr-reiseziel/litauen).

Was früher der Auslandskrankenschein war, ist für **Deutsche** und **Österreicher** heute die europäische **Krankenversicherungskarte (EHIC)**. Wenn man sie vorlegt, wird man im Krankenhaus oder beim Arzt in Notfällen kostenlos behandelt, sofern die medizinische Einrichtung dem **nationalen Gesundheitssystem** angeschlossen ist (eine Liste von Kliniken findet sich unter www.vlk.lt). Alle

Meine Literaturtipps

- *Marianna Butenschön, **Litauen,** C.H. Beck Verlag, München 2002. Ein Buch, das neugierig auf das Land und seine Hauptstadt macht!*
- *Sabine Herre, **Gebrauchsanweisung für das Baltikum,** Piper, München 2016. Wer wissen will, wie die Balten ticken, warum sie den Sommer so lieben und der Aberglaube auch in Litauen noch eine große Rolle spielt, erfährt es hier. Sabine Herres Buch ist ein spannend und verständlich geschriebener Reisebegleiter.*
- *Jurga Ivanaskaite: **Die Regenhexe,** DTV, München 2004. Schicksalsroman der litauischen Erfolgsautorin über drei Frauen, die als Hexen verschrien sind.*
- *Claudia Sinnig, **Litauen: Ein literarischer Reisebegleiter,** Insel Verlag, Berlin 2002. Zum Teil erstmals auf Deutsch veröffentlichte Texte, die Reisende, Schriftsteller und Dichter über Litauen geschrieben haben.*
- *Joachim Tauber und Ralph Tuchtenhagen, **Vilnius – Kleine Geschichte der Stadt,** Böhlau Verlag, Köln 2008. Mit großer Sachkenntnis verfasste Stadtgeschichte.*

anderen Institutionen und auf eigene Rechnung arbeitende Mediziner – dazu gehören so gut wie alle Zahnärzte – werden auf **Vorkasse** bestehen. In diesem Fall reicht man die vom Arzt unterschriebene und detaillierte Rechnung anschließend bei seiner Krankenkasse ein. Es ist auch nicht verkehrt, für eventuelle Zusatzkosten wie Privatbehandlung oder Krankenrücktransport eine zusätzliche Reisekrankenversicherung abzuschließen.

Schweizer Bürger sollten bei ihrer Krankenversicherung nachfragen, ob in ihrer Police auch eine Versicherung für Litauen enthalten ist.

Apotheken *(vaistinė)* sind in der Regel von Montag bis Freitag zwischen 9 und 19 Uhr geöffnet. Viele Medikamente sind rezeptfrei erhältlich und oft preisgünstiger als gewohnt.

Vilnius

- ✚177 **Baltijos Amerikos Klinika (Amerikanisch-Baltische Klinik),** Nemenčinės pl. 54a, Vilnius, Tel. 5 2342020, www.bak.lt, für Notfälle tägl. 24 Stunden geöffnet
- ✚178 [J9] **Seimos Medicinos Centras (Ambulanz),** Pylimo g. 9, Vilnius, Tel. 5 2608684, Mo.–Fr. 8–20, Sa. 9–15 Uhr
- ✚179 [L9] **Vokiečių vaistinė (Apotheke),** Didžioji g. 13, Vilnius, Tel. 5 2124232, Mo.–Fr. 9–19, Sa.–So. 10–18 Uhr
- ✚180 [M9] **Zahnklinik (Odontica),** Krivių g. 5, Tel. 370 614 42098, Mo.–Fr. 8–20, Sa. 10–15 Uhr

Kaunas

- ✚181 [gj] **Kauno Raudonojo Kryžiaus ligoninė (Rot-Kreuz-Hospital),** Laisvės al. 17, Kaunas, Tel. 37 425919, www.kkligonine.lt
- ✚182 [fj] **Zahnklinik Viadenta,** K. Donelaičio g. 67, Tel. 37 203696, www.viadenta.lt, Mo.–Fr. 8–18 Uhr

Mit Kindern unterwegs

Kinder kommen in Litauen ebenfalls auf ihre Kosten, allerdings weniger in den Städten als in den Märchen- und Freizeitparks oder sommers in den öffentlichen Grünanlagen wie im **Vingio-Park** (s. S. 68), wo man Räder und Skates leihen kann.

Im **Einkaufszentrum Akropolis** (s. S. 63) lockt das ganze Jahr eine Eisbahn. Im Skypark Vilnius (Verhiu g. 29, Mo.–Do. 12–22, Fr.–So. 10–22 Uhr) steht das größte Trampolin der Stadt. Sprachhürden erschweren für deutschsprachige Kinder manches Angebot in Museen wie dem **Spielzeug-** oder **Eisenbahnmuseum** (s. S. 51). Die folgenden Tipps machen allerdings sprachlich keine Probleme!

- •183 [C3] **Aqua-Park „Vichy“,** Ozo g. 14c, Vilnius, www.vandensparkas.lt, Tel. 70055118, Di.–Fr. 12–22, Sa./So. 10–22 Uhr, Preise je nach Aufenthaltsdauer 22–28 €. Wasserpark für Jung und Alt mit mehreren Rutschbahnen (die längste ist fast 200 m lang), außerdem Saunen und künstliche Wasserfälle.
- •184 **Kukuruzulabirintas (Korn-Labyrinth),** Kornfeld an der Straße E 28 von Vilnius nach Trakai, 18 km von Vilnius entfernt, www.kukuruzulabirintas.lt, Tel. 8 67540968, Aug.–Nov. Mo.–Fr. 18–20, Sa.–So. 11–20 Uhr, 4 €. Natürlicher Irrgarten in einem riesigen Maisfeld.
- •185 [A8] **Pasakų-Park.** Kleiner, 1986 angelegter Märchengarten im Westen der Stadt Vilnius. Dort können Kinder zwischen Holzfiguren mit litauischen Märchenmotiven kostenlos toben.
- M186 [L8] **Žaislų Muziejus (Spielzeugmuseum),** Šitadaržio g. 2/B.Radvilaites g. 7, Tel. 8 60400449, www.zaislumuziejus.lt, Di.–Fr. 14–18, Sa./So. 11–16 Uhr, 5 €. Das Museum zeigt, womit die litauischen Kinder früher spielten. Manches Spielgerät darf auch jetzt noch benutzt werden.

★**187 Zoo Kaunas,** Radvilėnų pl. 21, Kaunas,Tel. 37 332540, www.zoosodas.lt, April-Mitte Oktober 9-17 Uhr, Aquarium Mo.-Fr. 10-17, Sa.-So 10.30-18 Uhr, 5 € (Kinder 3 €, unter 5 Jahren frei). Mehr als 2000 Tiere haben in Litauens einzigem Zoo ihr Zuhause, mitten in einem Park und etwas außerhalb der Stadt.

Notfälle

Notrufnummern

Die **zentrale Notrufnummer** für Feuerwehr, Polizei und Ambulanz lautet **Tel. 112.** Diese Nummer kann sowohl aus dem Festnetz als auch vom Mobiltelefon aus angerufen werden.

Kartensperrung

Bei **Verlust der Debit/Giro-, Kredit-** oder **SIM-Karte** gibt es für Kartensperrungen eine **deutsche Zentralnummer** (unbedingt vor der Reise klären, ob die eigene Bank bzw. der jeweilige Mobilfunkanbieter diesem Notrufsystem angeschlossen ist). **Aber Achtung:** Mit der telefonischen Sperrung sind die Bezahlkarten zwar für die Bezahlung/Geldabhebung mit der PIN gesperrt, nicht jedoch für das **Lastschriftverfahren mit Unterschrift.** Man sollte daher auf jeden Fall den Verlust zusätzlich **bei der Polizei zur Anzeige bringen,** um gegebenenfalls auftretende Ansprüche zurückweisen zu können.

In **Österreich** und der **Schweiz** gibt es keine zentrale Sperrnummer, daher sollten sich Besitzer von in diesen Ländern ausgestellten Debit- oder Kreditkarten vor der Abreise bei ihrem Kreditinstitut über den zuständigen Sperrnotruf informieren.

Generell sollte man sich immer die **wichtigsten Daten** wie Kartennummer und Ausstellungsdatum **separat notieren,** da diese unter Umständen abgefragt werden.

› **Deutscher Sperrnotruf:** Tel. +49 116116 oder Tel. +49 3040504050
› **Weitere Infos:** www.kartensicherheit.de, www.sperr-notruf.de

⌃ *Ein Feuerwerk begeistert nicht zuletzt die jüngsten Besucher der Stadt. Viel Freude dürfte dem Nachwuchs auch das Mittelalterfestival in Trakai machen (s. S. 70).*

Öffnungszeiten

- **Geschäfte:** Da Litauen kein Ladenschlussgesetz kennt, gibt es auch keine festen Schließungszeiten. Kernzeiten sind Mo.–Fr. 10–18, Sa. 10–18 Uhr, aber auch sonntags haben viele Läden geöffnet. Große Einkaufszentren und Lebensmittelgeschäfte sind in der Regel von 9/10 bis 22 Uhr geöffnet. Getränke, Lebensmittel und Zeitungen gibt es auch an Tankstellen, die zum Teil 24 Stunden offen haben. Alkohol darf offiziell nur zu bestimmten Zeiten verkauft werden: Mo.–Sa. 10–20, So. 10–15 Uhr. Neu ist auch, dass an Personen unter 21 Jahren kein Alkohol mehr verkauft werden darf.
- **Banken:** Mo.–Fr. 8/9–17/18 Uhr
- **Museen:** Die meisten Museen sind montags geschlossen, ansonsten ist die Kernöffnungszeit von 11 bis 18 Uhr, oft ist aber eine Stunde vorher Kassenschluss!

Post

Postämter sind in der Regel montags bis freitags von 9 bis 18/19 Uhr geöffnet, samstags von 9 bis 13/14 Uhr. **Briefmarken** verkaufen auch alle größeren Hotels und Kioske, **Briefkästen** sind gelb. Postkarten und Briefe (bis 20 g), die innerhalb der Europäischen Union verschickt werden, müssen mit 0,91 € **frankiert** werden und sind in der Regel zwei bis drei Tage unterwegs. Aktuelle Portotarife und Anschriften weiterer Postämter finden sich unter www.post.lt.

✉188 [K8] **Hauptpostamt Vilnius,** Gedimino pr. 7, Mo.–Fr. 9–19, Sa. 9–14 Uhr

✉189 [ej] **Hauptpostamt Kaunas,** Laisvės al. 102, Mo.–Fr. 8.30–19, Sa. 9–14 Uhr

Radfahren

Fahrräder können ohne Probleme nach Litauen mitgenommen werden. Allerdings gilt es, vorher Kosten und Nutzen gegeneinander abzuwägen, da man auch vor Ort einen Drahtesel leihen kann. In **Vilnius** leihen Hotels ihren Gästen gelegentlich kostenlos Räder aus. Außerdem gibt es mehrere **Verleihstationen.**

Inzwischen stellen sich die Städte mit dem Bau eigener Wege neben den Autospuren immer mehr auf die Fahrradfahrer ein. Allein Vilnius zählt heute mehr als 100 km eigens ausgewiesene **Radwege** und auch immer mehr **Parkstationen** für die Drahtesel. Kein Wunder, dass Stadtrundfahrten per Rad sehr gefragt sind. Anregungen gibt www.bikemap.net.

Radler sollten wissen, dass sie auch **tagsüber mit eingeschaltetem Licht** oder einer reflektierenden

EXTRATIPP

Mit dem Rad durch Vilnius

Touristen werden die orangefarbenen Drahtesel überall auffallen. Sie stehen an knapp vierzig Stationen in der Innenstadt und können dort von Mitte April bis Mitte Oktober Tag und Nacht ausgeliehen werden (Mindestalter: 14 Jahre). Die Basiskosten betragen 2,90 € für eine 3-Tages-Karte, die zu 30 Minuten Radnutzung täglich berechtigt. Wer länger unterwegs ist, zahlt eine halbstündlich ansteigende Zusatzgebühr, die ab der zweiten Stunde aber richtig ins Geld geht und sich deshalb kaum noch gegenüber anderen Angeboten lohnt. Für einen Euro können Inhaber der drei Tage gültigen Vilnius City Card (s. S. 113) den Account nutzen.

- www.cyclocity.lt/en

Infos für LGBT+

Für internationale Gay-Portale ist Litauen im Internet oft ein weißer Fleck. Das liegt vor allem am schlechten öffentlichen Ansehen von Schwulen und Lesben bzw. deren gesellschaftlicher Stellung im Land. Ausgesprochene Gay-Treffs sind in Litauen deshalb selten. Allerdings ist die Offenheit gegenüber Schwulen und Lesben zuletzt deutlich besser geworden.

192 *[I9]* ***Soho,*** *Švitrigailos g. 7, Vilnius, Tel. 8 69939567, www.sohoclub.lt, Fr.-Sa. 22-7 Uhr, Eintritt: ab 3 €*

Warnweste fahren müssen! Im Fall der Fälle hilft die Fahrradklinik in Vilnius weiter (www.veloklinika.lt, Mo.-Fr. 11-19, Sa. 11-16 Uhr).

› Allgemeine Informationen zum Fahrradfahren in Vilnius gibt es unter www.velovilnius.lt/de.

Sicherheit

In den Innenstädten von Vilnius oder Kaunas kann man sich sicher fühlen, solange man ein paar Verhaltensregeln beherzigt. Dazu gehört, teuren Schmuck, Uhren oder andere **Wertsachen** am besten zu Hause zu lassen oder sie zumindest nicht öffentlich zur Schau zu tragen. Besondere Vorsicht gilt an Flughäfen und Bahnhöfen, wo man niemals sein **Gepäck** unbeaufsichtigt lassen sollte. **Taschendiebe** haben es vor allem auf Rucksäcke, Kameras und Handtaschen abgesehen, die man ebenfalls nicht aus den Augen lassen sollte.

Unbeleuchtete Straßen sollte man nachts ebenso meiden wie **Parks** und **abgelegene Stadtviertel** wie im Süden von Vilnius.

Reisende mit eigenem Auto sollten in Vilnius und Kaunas nur **bewachte Parkplätze** nutzen und keine Wertsachen, Papiere oder Gepäckstücke im Auto (auch nicht im Kofferraum) zurücklassen – auch keine teuren Navigationsgeräte. Denn Autoaufbrüche zählen zu den häufigsten Straftaten, von denen Touristen betroffen sind. Hilfreich im Schadensfall ist eine **Kopie aller Dokumente** und **Karten** und die Rufnummer zur **Kartensperrung** (s. S. 117). Im Falle eines Autoaufbruchs, Diebstahls oder anderer krimineller Delikte wendet man sich an die **Polizei** (die **zentrale Notrufnummer ist Tel. 112**).

190 [K10] **Polizei Vilnius,** Pylimo g. 52, Tel. 5 271629, Mo.-Fr. 8-17 Uhr (auch auf Deutsch)

191 [fj] **Polizei Kaunas,** Kęstučio g. 42, Tel. 37 226314 (täglich 24 Stunden erreichbar)

Sprache

Die offizielle Amtssprache in Litauen ist **Litauisch. Polnisch** und **Russisch** sind aber ebenfalls häufig zu hören. Inzwischen sprechen viele junge Leute aber auch **Englisch.** Vor allem im Tourismusgewerbe, beispielsweise in Hotels und Museen, kommt man so weiter.

Im Anhang dieses Buches findet sich eine kleine Sprachhilfe Litauisch (s. S. 128). Für weitere Studien empfiehlt sich der Band **„Litauisch – Wort für Wort"** aus der Reihe Kauderwelsch des Reise Know-How Verlags.

Stadttouren

Vilnius

Per **Fahrrad, Bus**, zu **Fuß** oder per **Segway** geleiten professionelle Fremdenführer den Besucher durch Vilnius. Von Mitte Mai bis Mitte September gibt es täglich um 11 Uhr eine zweistündige Führung zu den wichtigsten Sehenswürdigkeiten der Stadt – Di., Do. und Sa. in deutscher Sprache, sonst auf Englisch. Die Touren starten am Glockenturm vor der **Kathedrale** 2 und können in den Tourismusinformationszentren (s. S. 113) der Stadt oder direkt vor der Führung gebucht werden (Preis: 10 €). Für Inhaber der Vilnius City Card (s. S. 113) ist die Tour kostenfrei.

Wer es individueller mag, kann sich in den Touristeninformationen einen **Audioguide** leihen, mit dessen Hilfe man die Stadt und ihre Geschichte selbstständig entdecken kann. Der auch in deutscher Sprache erhältliche Audioguide führt zu knapp 100 Stationen (Pfand: 50 €, Gebühr: 10 €).

Außerdem gibt es in englischer und deutscher Sprache zahlreiche mehrstündige **Themenführungen**. So führen Routen zu Kunsthandwerkern, die man sonst kaum finden würde, zu beeindruckenden Stadtpanoramen, Kirchen und Schreinen, kurz: zu wundersamen Plätzen und verborgenen Schätzen der Stadt. Auch kulinarische Streifzüge durch Vilnius oder ins Künstlerviertel Užupis werden auf Wunsch gern professionell organisiert. Die Touristeninformationen (s. S. 113) helfen bei der Buchung, die im Voraus erfolgen muss, gern weiter (Info-Tel. 5 2532115 oder E-Mail: tours@vilnius.lt).

Für Fußfaule gibt es **Stadtrundfahrten.** So startet ein Hop-on-Hop-off-Bus täglich um 10, 11.30, 13 und 14.30 Uhr (im Sommer noch häufiger) an der Kathedrale 2 zu einer großen Runde durch die Stadt. An interessanten Punkten kann man immer wieder ein- und aussteigen. Die reine Fahrzeit beträgt 80 Minuten. Die passenden Tickets gibt es mit einem Tag (15 €, Kinder 7,50 €) oder zwei Tagen (20 €, Kinder 10 €) Gültigkeit.

› www.vilniuscitytour.com

> EXTRATIPP
>
> **Private Reisebegleitung**
>
> Ganz individuell führt die Reiseleiterin Daine Juodiskiene durch Vilnius, Litauen oder das Baltikum. Sie spricht bestens Deutsch und kennt sich aus im Land.
>
> › www.djt.lt

Wer Vilnius **vom Wasser aus erkunden** will, sollte eine Fahrt auf der RYGA buchen. Von Mai bis Oktober schippert das Boot zwischen 11 und 19 Uhr die Neris auf und ab. Start und Ziel ist ein Ankerplatz bei der Mindaugas-Brücke unweit der Kathedrale 2. Der Preis für die knapp einstündige Rundtour beträgt 12 € (Kinder bis 15 Jahre 6 €).

› www.barta.lt

Besonders schnell geht es per **Segway** durch Vilnius – eine sicher ungewöhnliche Art der Stadterkundung. Zweistündige Erkundungstouren sind von Frühjahr bis Herbst ab 45 € möglich, mit fachkundigem Führer kostet es mehr.

› www.viator.com

Neuester Schrei sind **organisierte Kajakfahrten auf der Neris**, die einem im Sommer die Stadt auf ungewohnte Weise näherbringen. Derselbe Anbieter organisiert auch **Schwimmtouren** in der Gruppe auf dem Fluss, der die Stadt teilt.

› www.activetourism.lt

Die sicher interessanteste Art, Vilnius zu erkunden, ist mit einem **Heißluftballon.** Bei gutem Wetter und Bedarf startet er das ganze Jahr über. Die Fahrt dauert rund eine Stunde, die Vor- und Nachbereitung mindestens die doppelte Zeit. 3 bis 5 Gäste haben in der Gondel Platz. Voranmeldung erforderlich!

› Preis für Einzelreisende ab 99 €, www.ballooning.lt

Kaunas

Auch Kaunas bietet eine Reihe von Stadtführungen an. Neben einer allgemeinen, 70-minütigen **Stadtrundfahrt** per Bus (gewöhnlich von Mitte April bis Mitte Oktober Mi. bis So. mehrmals täglich ab Rathaus mit deutscher Kommentierung) gibt es verschiedene Exkursionen zu Fuß. Die Memel lässt sich mit dem **Flußschiff** AITRA erkunden (www.barta.lt). Es startet jedes Sommerwochenende an der Vytautas-Brücke (38) um 12, 14.30, 17 und 19.30 Uhr zu einer zweistündigen Runde. Mehr Infos gibt es bei der Touristeninformation (s. S. 113). Und auch in Kaunas sind **Ballonflüge** möglich (www.ballooning.lt).

Telefonieren

Mobiltelefone funktionieren dank guter Funknetze fast immer.

Die kostenpflichtige, englischsprachige Auskunft ist unter Tel. 118 zu erreichen. Bei Anrufen nach Litauen wählt man nach der **internationalen Vorwahl +370** die **Städtevorwahl** (für Vilnius die **5**, für Kaunas die **37**) und anschließend die sechs- (Kaunas) oder siebenstellige (Vilnius) lokale **Rufnummer.** Telefonnummern, die mit der Ziffer **6** beginnen, sind **Handynummern!**

Bei **Ortsgesprächen** in Litauen wählt man innerhalb der Tarifzonen nur die sechs- oder siebenstellige lokale Rufnummer. Bei **nationalen Ferngesprächen** oder **Verbindungen zu Mobiltelefonen** muss man vor der Städtevorwahl immer die **Ziffer 8** wählen.

Seit Mitte 2017 gibt es in der EU keine **Roaminggebühren** mehr. Damit wird das Telefonieren und Surfen mit dem Handy im EU-Ausland so günstig wie zu Hause – es sei denn, man nutzt das Handy im Ausland über einen längeren Zeitraum hinweg, dann können je nach Anbieter Nutzungsobergrenzen gelten.

Vorwahlen

Bei Gesprächen von Litauen aus wählt man die jeweilige Landesvorwahl, dann die Städtevorwahl ohne die Null und schließlich die eigentliche Rufnummer.

› Deutschland +49
› Österreich +43
› Schweiz +41

Tiere

Man kann gern seinen **Hund** nach Litauen mitnehmen. Auf alle Fälle aber sollte man sich vorher im Hotel erkundigen, ob der Vierbeiner dort auch gern gesehen ist. Selbiges gilt auch für Restaurants und Cafés. Alle Tiere brauchen einen sogenannten EU-Heimtierausweis, den der Tierarzt ausstellt – und den Nachweis einer aktuellen Impfung gegen Tollwut. Außerdem sollte das Tier zur eindeutigen Identifizierung mit einem implantierten **Mikrochip** gekennzeichnet sein. Die „Geschäfte" des Vierbeiners sollten man in der Stadt immer schnell beseitigen, ansonsten drohen hohe Bußgelder. Hunde müssen unter Umständen einen Maulkorb tragen. Weitere Informationen findet man unter www.vet.lt.

Uhrzeit

In Vilnius und Kaunas gilt die **Osteuropäische Zeit,** die der Mitteleuropäischen Zeit (MEZ) um **eine Stunde voraus** ist. Wenn es in Deutschland, Österreich oder der Schweiz 14 Uhr schlägt, ist es in Vilnius oder Kaunas schon eine Stunde später, also 15 Uhr.

Unterkunft

Gänzlich auf Wachstumskurs ist die Hotellerie der Stadt. Allein in den beiden letzten Jahren entstanden mehrere Hundert neue Übernachtungsmöglichkeiten aller Preisklassen.

Hotels *(Viešbutis)* und **Motels** sind in Litauen nach einem **Sternesystem** klassifiziert (bis max. 5 Sterne), allerdings sollte man die nicht immer mit den in den meisten westlichen Ländern gewohnten Sternen gleichsetzen.

Abgesehen von Messezeiten oder bei Großveranstaltungen finden auch Spontanreisende fast immer eine Unterkunft. Immer populärer wird auch die Vermietung **privater Zimmer** und **Apartements.** Apartments in **Kaunas** vermittelt eine Agentur unter www.kaunas-apartments.lt.

Übrigens: Wenn man in Litauen vom **ersten Stock** spricht, meint man oft das Erdgeschoss. Der bei uns gewohnte erste Stock ist dort also schon der zweite.

Seit Neuestem gibt es in Kaunas und Vilnius eine **Fremdenverkehrsabgabe.** So zahlt jeder Übernachtungsgast über 18 Jahren eine tägliche Steuer von 1€, die auf die Hotelrechnung aufgeschlagen wird. Nur Langzeiturlauber, die länger als einen Monat in Vilnius verweilen, sind von der Abgabe befreit.

Hotels

Vilnius

193 [L8] **Bernardinu B&B House** €, Bernardinu g. 5, Tel. 5 2615134, www.bernardinuhouse.com. **Gemütlich und ruhig:** familiär geführtes B&B in einer Altstadtgasse. WLAN, Parkplatz, Hunde erlaubt.

194 [J11] **Comfort Hotel LT – Rock'N'Roll Vilnius** €€, Kauno g. 14, Tel. 5 2505111, www.comforthotel.lt. **Von Rockgrößen inspiriert:** Madonna oder die Beatles sind nur einige von vielen Musikern, die für die Zimmer im neuen Themenhotel Pate standen. Der Fitnessraum steht 24 Stunden offen.

195 [L10] **Domus Maria** €€, Aušros vartų g. 12, Tel. 5 2644880, www.domusmaria.lt. **B&B in ehemaligem Altstadtkloster:** 43 Zimmer – vom einfachen Einzelzimmer bis zum Luxusraum. Kostenloses WLAN.

196 [K6] **Ecotel Vilnius** €, Slucko g. 8, Tel. 5 2102700, www.ecotel.lt. **Einfach und preiswert:** Zimmer mit Bad oder Dusche, WLAN, bewachter Parkplatz.

197 [K8] **Novotel** €€€, Gedimino pr. 16, Tel. 5 2666210, www.novotel.com. **Beliebt und zentral gelegen:** Satellitenfernsehen, WLAN, Fitnessraum, Sauna, Parkgarage gegenüber.

Hotelkategorien

Angegeben sind die Preise für ein Doppelzimmer ohne Frühstück.

€	ab 10 €
€€	ab 60 €
€€€	ab 90 €
€€€€	ab 140 €

198 [J6] **Radisson Blu Hotel Lietuva** €€-€€€, Konstitucijos pr. 20, Tel. 5 2726272, www.radissonblu.com. **Hotel mit Aussicht:** Die schönsten der 291 Zimmer liegen in den obersten der mehr als zwanzig Stockwerke. Spezielle Zimmer für Allergiker, WLAN, preiswerter Mittagstisch.

199 [L9] **Relais & Chateau Hotel Stikliai** €€€-€€€€, Gaono g. 7, Tel. 5 2649595, www.stikliaihotel.lt. **Luxus inmitten der Altstadt:** 5-Sterne-Haus der Extraklasse. Minister steigen hier ebenso ab wie Popstars. Mit feinem Restaurant und elegantem Klub, WLAN.

Kaunas

200 [bj] **Amberton Cozy** €€€, Kuzmos 8, Tel. 37 229981, www.ambertonhotels.com. **Neu und schön:** 85 stilvolle Zimmer inmitten der Altstadt.

201 [dj] **Best Western Santaka** €-€€, J. Gruodzi g. 21, Tel. 37 302702, www.santakahotel.eu. **Wohnen mit Hund:** in einer ruhigen Seitenstraße in der City. Freiluft-Schwimmbad, kostenloser Parkplatz.

202 [bk] **Daugirdas** €€-€€€€, T. Daugirdo g. 4, Tel. 37 301561, www.daugirdas.lt. **Zentral, aber ruhig:** gelegenes Viersternehotel unweit des Rathausplatzes. WLAN, schönes Hotel-Restaurant in gotischem Gewölbe.

203 [hl] **Ibis Kaunas Centre** €-€€, Vytauto pr. 28, Tel. 37 265600, www.accorhotels.com. **Preis und Leistung stimmen:** 125 klimatisierte Zimmer mit kostenlosem WLAN, in der Innenstadt neben dem Busbahnhof gelegen.

204 [bj] **Kauno Arkivyskupijos** €, Rotušės a. 21, Tel. 37 322597, www.kaunas.lcn.lt/sveciunamai/en. **Wohnen im Gästehaus der katholischen Kirche:** 21 preiswerte Zwei- und Dreibettzimmer nahe dem Rathausplatz, Bad und WLAN, einige Zimmer mit Satellitenfernsehen. Alkohol ist in dem Kirchengebäude verboten!

205 [gj] **Park Inn Kaunas** €€, K. Donelaičio g. 27, Tel. 37 306100, www.parkinn.de/hotel-Kaunas. **Businesshotel mit 206 Zimmern:** eigenes Restaurant, Sauna und Fitnessraum, WLAN, Satellitenfernsehen, tierfreundlich.

206 **Perkūno Namai Park Hotel** €€, Perkūno g. 61, Tel. 37 320230, www.perkuno-namai.lt. **Familiengeführtes Hotel:** 29 Zimmer, stadtnah in grüner Umgebung, Restaurant im Haus.

EXTRATIPP

Luxus pur am Kathedralenplatz

Gegenüber der Kathedrale findet sich Litauens renommierteste Luxusherberge. Hinter historischer Fassade fehlt es an nichts, gibt es mehrere Konferenzräume und Zimmer für jeden Geschmack: von der Präsidentensuite bis zum Businesszimmer. Der geräumige Spa-Bereich und das Schwimmbad stehen auch Nicht-Hausgästen offen. Einen guten Ruf genießt auch die Küche des Hauses. Wenn am Wochenende die Geschäftsleute als Kunden fehlen, fallen die Preise. Dann ist auch einmal ein Schnäppchen drin!

207 [L8] **Kempinski Hotel Cathedral Square** €€€€, Universiteto gatvė 14, Tel. 5 2201100, www.kempinski.com

Hostels

208 [L10] **Hostelgate,** Aušros Vartų g. 17, **Vilnius,** Tel. 8 68960292, www.hostelgate.lt. **Kleine Herberge in der Altstadt:** mit Mehrbettzimmern und einem Doppelzimmer.

209 [K10] **Hostel Jamaika,** Visų Šventųjų g. 9, **Vilnius,** www.vilniushostel.eu, Tel. 68876766. **Preiswert am Altstadtrand wohnen:** viel gelobtes, privat geführtes Hostel mit internationalem Publikum. Kostenloser Fahrradverleih und WLAN.

210 [fj] **The Monk's Bunk,** Laisves al. 48-2, **Kaunas,** Tel. 37 62099695. **Multikulti-Herberge in der Stadtmitte:** Stockbetten in 2er- bis 8er-Zimmern. Zweibettzimmer ab 32 €.

Camping

Was Service und Ausstattung angeht, müssen verwöhnte Camper in Litauen manchmal Abstriche machen. Außerdem liegen die Plätze wie in Vilnius oft weit von den Innenstädten entfernt.

⚠211 **Campingplatz Harmonie,** Traku g., Bukles km., Rūdiškės, Tel. 5 2859291, www.harmonielitouwen.nl. Romantischer Waldplatz zwischen Vilnius und Trakai unter holländischer Leitung.

⚠212 **Campingplatz Slėnyje,** Slėnio g. 1, Trakai, www.camptrakai.lt, Tel. 8 68611136. 30 Stellplätze, Appartements und Ferienhäuser, ganzjährig geöffnet.

⚠213 [D10] **Vilnius City Camping,** Parodu g. 11, Vilnius, Tel. 8 62972223, www.camping.lt/vilniuscity. Rund 100 Zelt- und Stellplätze weit außerhalb der Stadt. Geöffnet: Mai–September.

⚠214 **Kaunas City Camping,** Jonavos g. 51a, www.kaunascamping.eu, Tel. 8 61809407. Neu hergerichteter Campingplatz am Neris-Ufer nördlich der Stadt: für Zelte und 25 Wohnmobile. Bushaltestelle vor der Tür. Tiere erlaubt.

Verhaltenstipps

- Handel, Besitz und Konsum von **Drogen** sind in Litauen verboten und werden strafrechtlich mit vergleichsweise hohen Strafen verfolgt.
- **Prostitution** ist in Litauen verboten, mit Polizeikontrollen in einschlägigen Herbergsbetrieben ist immer zu rechnen!
- Promille-Sünder am Steuer erwartet eine hohe Strafe. Oft ist man auch seinen Führerschein los! Tabu ist der **Alkoholkonsum** auch auf öffentlichen Plätzen, in Parks und auf vielen Straßen. Wer mehrmals dagegen verstößt, kann im Gefängnis landen!
- Viele Dienstleister – vom Taxifahrer bis zur Kellnerin – erwarten **Trinkgelder,** da die Löhne in Litauen im Vergleich zu Westeuropa niedriger sind. 5 bis 10 Prozent sind üblich. Manche Restaurants oder Klubs stellen allerdings oft schon einen Bedienungszuschlag in Rechnung.
- Sollte man eingeladen werden, freuen sich die Gastgeber über ein kleines **Geschenk** – etwa über einen Bildband aus Deutschland oder einen persönlich ausgesuchten Wein. Gern gesehen sind auch **Blumen,** deshalb ist der Blumenmarkt (s. S. 65) in Vilnius täglich rund um die Uhr geöffnet. Man sollte nur eine ungerade Zahl von Blumen verschenken.
- In Litauen wird das **Datum** oft anders als bei uns gewohnt geschrieben, dabei steht die Jahreszahl am Anfang und es folgen Monat und Tag. 2011.4.8 bedeutet also 8. April 2011.
- Die Litauer **begrüßen** Gäste meist per Handschlag, manchmal ergänzt von einem Klaps auf die Schulter. Umarmungen und Küsschen auf die Wangen sind nur unter engen Freunden üblich.
- In Litauen ist es üblich, bekleidet in die **Sauna** zu gehen. Wundern sie sich also nicht, wenn ihr Gegenüber Bikini oder Badehose trägt. Das sollte man auch so halten!

Verkehrsmittel

Bus

Innerhalb der Städte verkehren **Busse** und **Oberleitungsbusse** (Trolleybusse), und zwar von frühmorgens bis abends. In Spitzenzeiten fahren sie auf den wichtigsten Routen mindestens alle Viertelstunde. In **Kaunas** sind die Busse im Allgemeinen bis 22 Uhr unterwegs, in **Vilnius** bis gegen Mitternacht. Inzwischen gibt es in Vilnius ein paar **Nachtbuslinien**, auch in Kaunas fährt Fr. und Sa. gelegentlich ein Nachtbus. Allerdings sollte man die frühen Morgen- und die Feierabendstunden meiden, da die Fahrzeuge dann oft überfüllt sind.

Jeder Bus ist mit einer **Nummer** gekennzeichnet, betreten darf man sie nur vorne an der Fahrertür. Reisende mit **großen Koffern** müssen für jedes zusätzliche, sitzgroße Gepäckstück ein weiteres Ticket beim Fahrer lösen. **Papiertickets** gibt es nur noch bei den Fahrern. Sie kosten 1,50 € und berechtigen zu einer Fahrt ohne Unterbrechung. **Elektronische Tickets**, so genannte **Vilniecio Kortele**, gibt es an den Kiosken. Sie können mit einer vom Käufer bestimmten Summe ab 1,50 € aufgeladen werden und müssen an den gelben Kartenlesern im Bus entwertet werden. Der Fahrpreis wird dann automatisch von den Karten abgebucht. Mehr Informationen finden sich unter www.vilniusticket.lt.

Der Preis für eine elektronische Tageskarte in Vilnius beträgt 5 €, ein 3-Tages-Ticket schlägt mit 8 € zu Buche, ein Zehn-Tages-Ticket mit 15 €. Man kann inzwischen auch mithilfe einer Smartphone-App (m.Ticket) den Fahrpreis im Bus bezahlen.

In **Kaunas** zahlt man für ein Einzelticket beim Fahrer 0,70 €. Da die Fahrer aus Sicherheitsgründen kein Wechselgeld mit sich führen, sollten Reisende das **Fahrgeld immer passend** haben. Wie in Vilnius hat auch in Kaunas das **elektronische Ticket** das nur noch beim Fahrer erhältliche Papierticket fast ersetzt. Die **Kauno Miesto Kortele** kann mit beliebigen Summen aufgeladen werden, die dann streckengerecht im Bus an den Kartenlesern abgebucht werden.

Über die konkreten Streckenführung informieren die Webseiten der Verkehrsbetriebe auch in englischer Sprache.

- › www.vilniustransport.lt
- › www.kvt.lt
- › www.stops.lt

- •215 [L11] **Internationale Busstation Vilnius,** Sodų g. 22
- •216 [hl] **Internationale Busstation Kaunas,** Vytauto pr. 24

Recht zügig kommt man in Kaunas mit dem sogenannten **Maršrutiniai taksi** voran. Das sind private **Minibusse**, die zu allen wichtigen Zielen fahren. Offizielle Haltestellen kennen die Minibusse nicht. Wer einsteigen will, winkt den Bus auf der Straße heran. Wenn man aussteigen will, muss man dies dem Fahrer mitteilen, bei dem man auch die Tickets kauft, die knapp einen Euro pro Fahrt kosten.

Taxi

Taxis *(Taksi)* haben Leuchtschilder und können auf der Straße **angehalten** werden, wenn man sie **per Telefon bestellt**, ist es aber meist billiger. Hotelrezeptionen und Restaurantkellner sind einem bei einer Bestellung gern behilflich. Über die Webseite **www.etaksi.lt** können in Vilnius und Kaunas Taxis auch online vorbestellt werden. Die Ankunft wird dann per SMS gemeldet. Taxifahrten vom **Flughafen** in die Altstadt von Vilnius kosten gewöhnlich zwischen zehn und fünfzehn Euro – am Wochenende und nachts sind die Preise etwas höher. Am besten bestellt man das Taxi über die im Flughafen befindliche Touristeninformation vor. Es ist immer ratsam, den ungefähren **Fahrpreis** vor Fahrtantritt zu erfragen – vor allem, wenn das Taxi keinen geeichten Taxameter hat. Als Richtschnur dient ein Kilometerpreis von einem knappen Euro. Gewarnt wird vor nicht-lizensierten Unternehmen, die unter anderem an den Flughäfen operieren. Taxifahrer erwarten 10–15 Prozent **Trinkgeld** und **Barzahlung**. Und wichtig: Auch in den Taxis müssen sich die Gäste **anschnallen!** Mehr unter:

- › www.smarttaxi.lt
- › www.standart-taksi.lt

Preiswerter als die normalen Taxidienste sind die Angebote der weltweit operierenden Firma **UBER** oder anderer Anbieter, die man über das Internet buchen kann (www.uber.com). Allerdings muss man dann eine Reihe von persönlichen Daten freigeben, die missbraucht werden können. Taxiunternehmen für Fahrten in Vilnius und Kaunas finden sich samt Preisangaben auf der englischsprachigen Website www.taksi.lt.

096vl Abb.: gs

Wetter und Reisezeit

Vilnius und Kaunas sind zu jeder Jahreszeit eine Reise wert – am besten **zwischen Mai und September**, wenn das Wetter einigermaßen stabil und es nicht mehr so kalt ist. In Vilnius beträgt die **Jahresdurchschnittstemperatur 6,3 °C.** Mai und Juni weisen die meisten Sonnenstunden aus, November und Dezember häufig Regen oder Schnee. Am wärmsten sind der Juli und der August, am kältesten Januar und Februar. Ein Pullover gehört auch im Hochsommer ins Reisegepäck!

Vilnius ist auch im Winter immer eine Reise wert

Durchschnitt	Wetter in Vilnius											
Maximale Temperatur	–3°	–2°	3°	11°	18°	21°	22°	22°	17°	10°	4°	–1°
Minimale Temperatur	–9°	–8°	–4°	2°	7°	11°	12°	11°	8°	3°	–1°	–5°
Regentage	18	15	14	13	13	14	14	13	14	14	18	21
	Jan	Febr	März	Apr	Mai	Juni	Juli	Aug	Sept	Okt	Nov	Dez

ANHANG

006vl Abb.: gs

Kleine Sprachhilfe Litauisch

Die folgenden Hilfslisten, Wörter und Redewendungen wurden dem Reisesprachführer „Litauisch – Wort für Wort“ aus dem Reise Know-How Verlag entnommen.

Litauisches Alphabet zum Buchstabieren

a	aa
ą	a-nußine
b	bä
c	tßä
ch	ha
č	tschä
d	dä
e	ä
ę	ä-nußine
ė	ee
f	äf
g	gä
h	hasch
i	i (kurzes i)
į	ii-nußine
y	ii-ilgoje
j	ji (kurzes i)
k	kaa
l	äl
m	äm
n	än
o	oo
p	pä
r	är
s	äß
š	schä
t	tä
u	u-trumpoje
ų	u-nußine
ū	uu-ilgoje
v	wää
z	sä (stimmhaft)
ž	schä (stimmhaft)

Aussprache

Folgende Buchstaben(kombinationen) werden eventuell anders als im Deutschen erwartet ausgesprochen.

a	kurzes „a“ wie in „Kasten“
ą	langes „a“ wie in „Laden“
ai	wie „ai“ in „Mai“
au	wie „au“ in „Maus“
e	kurzes und offenes „e“ wie „ä“ in „kämmen“
ę	langes, offenes „e“ (= ä) wie „ä“ in „gähnen“
ė	langes und geschlossenes „e“ wie in „Emil“
ei	„ej“ wie in engl. „okay“
i	kurzes „i“ wie in „Tick“
į	langes „i“ wie in „Tiger“
y	wie į, also langes „i“ wie in „Tiger“
ie	„ije“ wie in „Geranie“
o	langes offenes „o“ wie in „Morgen“
u	kurzes „u“ wie in „Kunst“
ų	langes „u“ wie in „Mut“
ū	wie ų, also langes „u“ wie in „Mut“
ui	„uj“ wie in „pfui“
uo	„u“ und offenes „o“ wie in „Wolle“
ch	wie „ch“ in „kochen“
c	wie „z“ in „Konzert“
č	wie „tsch“ in „Datscha“
r	gerolltes bayrisches „r“
š	wie „sch“ in „Tasche“
v	wie „w“ in „Wald“
z	stimmhaftes „s“ wie in „summen“
ž	wie das „g“ in „Gelee“
0	*nulis*

+++ Die wichtigsten Wörter mit dem Bonus-Audiotrack des Kauderwelsch-

Die wichtigsten Floskeln

taip	ja	*Aš linkiu tau / Jums visa geriausio!*	Ich wünsche dir / Ihnen alles Gute!
ne	nein	*Gerai!*	In Ordnung!
Ačiū!	Danke!	*Sutinku.*	Einverstanden.
Prašom!	Bitte!	*Nežinau.*	Ich weiß nicht.
Nėra už ką!	Keine Ursache!	*Gero apetito!*	Guten Appetit!
Laba diena!	Guten Tag!	*Būk sveikas!*	Zum Wohl! Prost!
Sveiki atvykę!	Herzlich willkommen!	*Prašom sąskaitą!*	Die Rechnung, bitte!
Kaip laikotės?	Wie geht es Ihnen?	*Atsiprašau!*	Entschuldigung!
Kaip laikotais tu?	Wie geht es dir?	*Atleiskite!*	Es tut mir sehr leid!
Dėkui, neblogai.	Danke, gut.	*Prašau padekite man ... !*	Helfen Sie mir bitte!
Iki pasimatymo!	Auf Wiedersehen!		
Labas!	Hallo! (Sei(d) gegrüßt!)		
Ade!	Tschüss! Mach's gut!		

Die wichtigsten Fragen

Čia ...?	Gibt es ...?
Ar turite ...?	Haben Sie ...?
Aš ieškau ...	Ich suche ...
Aš norėčiau ...	Ich möchte ...
Prašom duoti ...	Geben Sie mir bitte ...
Kur galima nusipirkti ...?	Wo kann man ... kaufen?
Kas yra čia?	Was ist das?
Kiek kainuoja ...?	Wie viel kostet ...?
Kiek kainuoja nuvežimas į ...?	Wie viel kostet die Fahrt nach ...?
Kur yra ...?	Wo ist/befindet sich ...?
Kaip aš galiu nuvažiuoti į ...?	Wie komme ich nach ...?
Kaip nueiti į viešbutį?	Wie kommt man zum Hotel?
Kaip toli iki ten?	Wie weit ist es bis dorthin?
Ar jis traukinys į ...?	Ist das der Zug nach ...?
Kuriuõ autobusu galima nuvažiuoti iki centro?	Mit welchem Bus kommt man ins Zentrum?
Kelintą valandą šis autobusas vyks į ...?	Wann fährt der Bus nach ...?
Kada važiuos kitas / paskutinis autobusas / traukinys?	Wann fährt der nächste / letzte Bus / Zug?
Aš nõriu į ...	Ich möchte nach ...
Prašau nuvežkite mane į ...	Bringen Sie mich bitte nach ...

Die wichtigsten Zeitangaben

vakar	gestern	*buves*	früher
siandien	heute	*vėliau*	später
rytoj	morgen	*dabar*	jetzt
poryt	übermorgen	*netrukus*	bald
rytais	morgens	*dažnai*	oft
pietų metų	mittags	*kartais*	manchmal
popiet	nach-mittags	*pirmādienis*	Montag
		antrādienis	Dienstag
tuojau	gleich	*trečiādienis*	Mittwoch
retai	selten	*ketvirtādienis*	Donnerstag
vakarais	abends	*penktādienis*	Freitag
naktimis	nachts	*šeštādienis*	Sonnabend
kiekviena diena	täglich	*sekmādienis*	Sonntag

EXTRAINFO

Nummerierte Wochentage

Die Wochentage im Litauischen richten sich nicht nur nach den Ordnungszahlen (der erste, zweite, dritte ... Tag), bei der Angabe von Öffnungszeiten werden gerne die lateinischen Ziffern von 1 bis 7 statt Abkürzungen für die Wochentage gebraucht.

I	röm. Eins	Montag
II	röm. Zwei	Dienstag
III	röm. Drei	Mittwoch
IV	röm. Vier	Donnerstag
V	röm. Fünf	Freitag
VI	röm. Sechs	Samstag
VII	röm. Sieben	Sonntag

Nichts verstanden? – Weiterlernen

Ich habe nicht verstanden.	*Aš nesupratau.*
Ich habe verstanden.	*Aš supratau viską.*
Wiederholen Sie, bitte!	*Prašom pakartoti!*
Sprechen Sie bitte langsamer!	*Prašom kalbėti lėčiau!*
Schreiben Sie das bitte auf!	*Prašom tai užrašyti!*
Wie spricht man das aus?	*Kaip tai tariasi?*
Ich möchte gern Litauisch lernen.	*Aš norėčiau mokytis lietuvių kalbas.*
Sie sprechen gut Litauisch!	*Jūs gerai kalbate lietuviškai!*
Nein, nur ein bisschen.	*Ne, tik truputį.*
Sprechen Sie Deutsch?	*Ar Jūs kalbate vokiškai?*
... Englisch?	*angliškai?*
... Russisch?	*rusiškai?*
Wie heißt ... auf Litauisch?	*Kaip lietuviškai ...!*
... auf Deutsch?	*... vokiškai?*
... auf Englisch?	*... angliškai?*
... auf Französisch?	*... prancūziškai?*
... auf Niederländisch?	*... olandiškai?*
... auf Russisch?	*... rusiškai?*

Die Zahlen

0	*nulis*	20	*dvidešimt*
1	*vienas*	21	*dvidešimt vienas*
2	*du*	22	*dvidešimt du*
3	*trys*	23	*dvidešimt trys*
4	*keturi*	30	*trisdešimt*
5	*penki*	40	*keturiasdešimt*
6	*šeši*	50	*penkiasdešimt*
7	*septyni*	60	*šešiasdešimt*
8	*aštuoni*	70	*septyniasdešimt*
9	*devyni*	80	*aštuoniasdešimt*
10	*dešimt*	90	*devyniasdešimt*
11	*vienuolika*	100	*šimtas*
12	*dvylika*	101	*šimtas vienas*
13	*trylika*	115	*šimtas penkiolika*
14	*keturiolika*	125	*šimtas dvidešimt penki*
15	*penkiolika*	130	*šimtas trisdešimt*
16	*šešiolika*	200	*du šimtai*
17	*septyniolika*	300	*trys šimtai*
18	*aštuoniolika*	1000	*tūkstantis*
19	*devyniolika*	2000	*du tūkstančiai*

Die wichtigsten Fragewörter

kur?	wo? wohin?	*kuri(s)?*	welche(r)?
iš kur?	woher?	*kiek?*	wie viel?
kas?	wer? was?	*kada?*	wann?
kodėl?	warum?	*nuo kada?*	seit wann?
kaip?	wie?	*kam?*	wem? wozu?

Die wichtigsten Richtungsangaben

dešineje	rechts	*dešinėn*	nach rechts
kaireje	links	*kairėn*	nach links
tiesiai	geradeaus	*atgal*	zurück
prieš	gegenüber	*vis toliau*	immer weiter
toli	weit	*arti*	nah
sankryža	Kreuzung	*šviesoforas*	Ampel
už miesto	außerhalb der Stadt	*centre*	im Zentrum
čia	hier	*iškarto čia*	gleich hier
ten	dort	*už kampo*	um die Ecke
šalia	neben, bei	*gatvė*	Straße
pastatas	Gebäude	*turgaus vieta*	Marktplatz

Zu Hause und unterwegs – intuitiv und informativ

► www.reise-know-how.de

- **Immer und überall** bequem in unserem Shop einkaufen
- Mit **Smartphone, Tablet** und **Computer** die passenden Reisebücher und Landkarten finden
- **Downloads** von Büchern, Landkarten und Audioprodukten
- Alle **Verlagsprodukte** und **Erscheinungstermine** auf einen Klick
- **Online** vorab in den Büchern **blättern**
- Kostenlos **Informationen, Updates** und **Downloads** zu weltweiten Reisezielen abrufen
- **Newsletter** anschauen und abonnieren
- Ausführliche **Länderinformationen** zu fast allen Reisezielen

www.reise-know-how.de

Der Autor

Schon vor ihrer Unabhängigkeit bereiste **Günter Schenk** die baltischen Staaten und besonders gern war er in Litauen zu Gast, dessen Wandel vom Sozialismus zur freien Marktwirtschaft er schließlich selbst erlebte. Für die Neuauflage dieses Reiseführers nahm er Vilnius und Kaunas noch einmal ganz besonders unter die Lupe, inspizierte Straßen und Plätze, war in Museen und Klubs, Restaurants und Cafés, Hotels und Jugendherbergen.

Der ehemalige Fernsehredakteur arbeitet als freier Reisejournalist für renommierte deutschsprachige Zeitungen und Magazine wie „GEOSaison", „Südwestpresse", „Verlagsgruppe Rhein-Main", „Rhein-Neckar-Zeitung", „Badische Zeitung" oder „Münchner Merkur". Im Reise Know-How Verlag erschienen in der CityTrip-Reihe seine Bände „Antwerpen, Brügge, Gent", „Baden-Baden", „Brüssel", „Heidelberg", „Karlsruhe", „Koblenz", „Liverpool", „Mainz", „Rotterdam" und „Wiesbaden", außerdem der Reiseführer „Rheinhessen, Rheingau".

Schreiben Sie uns

Dieses Buch ist gespickt mit Adressen, Preisen, Tipps und Daten. Unsere Autoren recherchieren unentwegt und erstellen alle zwei Jahre eine komplette Aktualisierung, aber auf die Mithilfe von Reisenden können sie nicht verzichten. Darum: Teilen Sie uns bitte mit, was sich geändert hat oder was Sie neu entdeckt haben. Gut verwertbare Informationen belohnt der Verlag mit einem Sprachführer Ihrer Wahl aus der Reihe „Kauderwelsch".

Kommentare übermitteln Sie am einfachsten, indem Sie die Web-App zum Buch aufrufen (siehe Umschlag hinten) und die Kommentarfunktion bei den einzelnen auf der Karte angezeigten Örtlichkeiten oder den Link zu generellen Kommentaren nutzen. Wenn sich Ihre Informationen auf eine konkrete Stelle im Buch beziehen, würde die Seitenangabe uns die Arbeit sehr erleichtern. Unsere Kontaktdaten entnehmen Sie bitte dem Impressum.

Impressum

Günter Schenk

CityTrip Vilnius und Kaunas

4., neu bearbeitete und aktualisierte Auflage 2019

ISBN 978-3-8317-3162-6

Druck und Bindung:
Media-Print, Paderborn

Printed in Germany

Herausgeber: Klaus Werner
Layout: amundo media GmbH (Umschlag, Inhalt), Peter Rump (Umschlag)
Lektorat: amundo media GmbH
Karten: Ingenieurbüro B. Spachmüller, amundo media GmbH
Anzeigenvertrieb: KV Kommunalverlag GmbH & Co. KG, Alte Landstraße 23, 85521 Ottobrunn, Tel. 089 928096-0, info@kommunal-verlag.de
Kontakt: Osnabrücker Str. 79, 33649 Bielefeld, info@reise-know-how.de

Alle Angaben in diesem Buch sind gewissenhaft geprüft. Preise, Öffnungszeiten usw. können sich jedoch schnell ändern. Für eventuelle Fehler übernehmen Verlag wie Autor keine Haftung.

Bildnachweis

Umschlagvorderseite: www.fotolia.com©dinozzaver | Umschlagklappe rechts: Günter Schenk
Soweit ihre Namen nicht vollständig am Bild vermerkt sind, stehen die Kürzel an den Abbildungen für die folgenden Fotografen. Günter Schenk: gs | Norbert Tukaj: nt

Register

082vl Abb.: gs

Liste der Karteneinträge

Vilnius

Kaunas

Hier nicht aufgeführte Nummern liegen außerhalb der abgebildeten Karten. Ihre Lage kann aber wie die von allen Ortsmarken im Buch mithilfe der Web-App angezeigt werden (s. S. 144).

Zeichenerklärung

- Hauptsehenswürdigkeit
- Bar, Klub, Treffpunkt
- Bibliothek
- Biergarten, Pub, Kneipe
- Café
- Denkmal
- Fischlokal
- Galerie
- Geschäft, Kaufhaus, Markt
- Hotel, Unterkunft
- Imbiss, Bistro
- Informationsstelle
- Jugendherberge, Hostel
- Kirche
- Krankenhaus, Arzt
- Museum
- Musikszene, Disco
- Polizei
- Post
- Restaurant
- ★ Sehenswürdigkeit
- Sonstiges
- Synagoge
- Theater
- Vegetarisches Lokal
- Zeltplatz, Camping

- Oberleitungsbus-Halt
- Shoppingareal
- Gastro- und Nightlife-Areal
- Stadtspaziergang (s. S. 12)

Bewertung der Sehenswürdigkeiten

- ★★★ auf keinen Fall verpassen
- ★★ besonders sehenswert
- ★ Sehenswürdigkeit für speziell interessierte Besucher

Vilnius mit PC, Smartphone & Co.

QR-Code auf dem Umschlag scannen oder **www.reise-know-how.de/citytrip/vilnius19** eingeben und die **kostenlose Web-App** aufrufen (Internetverbindung zur Nutzung nötig)!

★**Anzeige der Lage und Satellitenansicht aller** beschriebenen Sehenswürdigkeiten und weiteren Orte
★**Routenführung** vom aktuellen Standort zum gewünschten Ziel
★**Exakter Verlauf** des empfohlenen Stadtspaziergangs
★**Audiotrainer** der wichtigsten Wörter und Redewendungen
★**Updates** nach Redaktionsschluss

GPS-Daten zum Download

Die GPS-Daten aller Ortsmarken und des Spaziergangs können hier geladen werden: www.reise-know-how.de, dann das Buch aufrufen und zur Rubrik „Datenservice" scrollen.

Stadtplan für mobile Geräte

Um den Stadtplan auf Smartphones und Tablets nutzen zu können, empfehlen wir die App „Avenza Maps" der Firma Avenza™. Der Stadtplan wird aus dieser App heraus geladen und kann dann mit vielen Zusatzfunktionen genutzt werden.

Die Web-App und der Zugriff auf diese über QR-Codes sind eine freiwillige, kostenlose Zusatzleistung des Verlages. Der Verlag behält sich vor, die Bereitstellung des Angebotes und die Möglichkeit der Nutzung zeitlich und inhaltlich zu beschränken. Der Verlag übernimmt keine Garantie für das Funktionieren der Seiten und keine Haftung für Schäden, die aus dem Gebrauch der Seiten resultieren. Es besteht ferner kein Anspruch auf eine unbefristete Bereitstellung der Seiten.